100 Millionen Dollar Leads Zusammen-fassung und Arbeitsbuch

Wie Sie Fremde dazu bringen, Ihre Sachen kaufen zu wollen

ALEX HORMOZI

Inhaltsverzeichnis

WIE MAN ARBEITSBUCH UND ZUSAMMENFASSUNG BENUTZT

Viele Leute kaufen Zusammenfassungen und Arbeitsbücher, weil die Autoren ihre Texte schlecht bearbeiten. Bei 100 Millionen Dollar Leads ist das nicht der Fall. Es ist vollgepackt mit Informationen. Aber manche Leute würden es lieber ohne Geschichten lesen, die das Thema verdeutlichen, und mit weniger Beispielen. Deshalb habe ich in dieser Zusammenfassung fünf Dinge anders gemacht als in dem Hauptbuch:

1) Die Geschichten *wurden entfernt* (wenn Sie diese möchten, lesen Sie das Hauptbuch).

2) Die meisten Beispiele *wurden entfernt* (wenn Sie mehr wollen, lesen Sie das Hauptbuch).

3) Der Großteil der Übergänge und Einführungen *wurde entfernt*.

4) Erklärungen zu den Mechanismen der Werbung *wurden entfernt*.

5) Die „Aktionsschritte" wurden durch Übungen ersetzt.

Das Ergebnis ist eine Zusammenfassung mit Übungen, die die Wortzahl des ursprünglichen Buches um etwa zwei Drittel reduziert. Das *Hauptbuch – 100 Millionen Dollar Leads -* dauert etwa vier Stunden. Für diese Zusammenfassung und das Arbeitsbuch sollten Sie etwa ein Drittel dieser Zeit benötigen (60-90 Minuten). Wenn Ihnen das Buch gefällt, empfehle ich Ihnen *dringend*, auch das Hauptbuch zu lesen.

Wenn Sie das Hauptbuch bereits gelesen haben, können Sie es als Wiederholung nutzen und sich auf die Übungen konzentrieren.

Wenn Sie das Hauptbuch nicht gelesen haben, bekommen Sie hier alles, was Sie brauchen, um die wichtigsten Punkte in Ihrem Unternehmen umzusetzen.

Wenden Sie es an. Werden Sie reich. Und haben Sie viel Spaß dabei! - Alex

ABSCHNITT I:
BEGINNEN SIE HIER

„Es ist schwer, arm zu sein, wenn einem die Leads direkt an die Tür klopfen"
- Hormozi Familien-Jingle

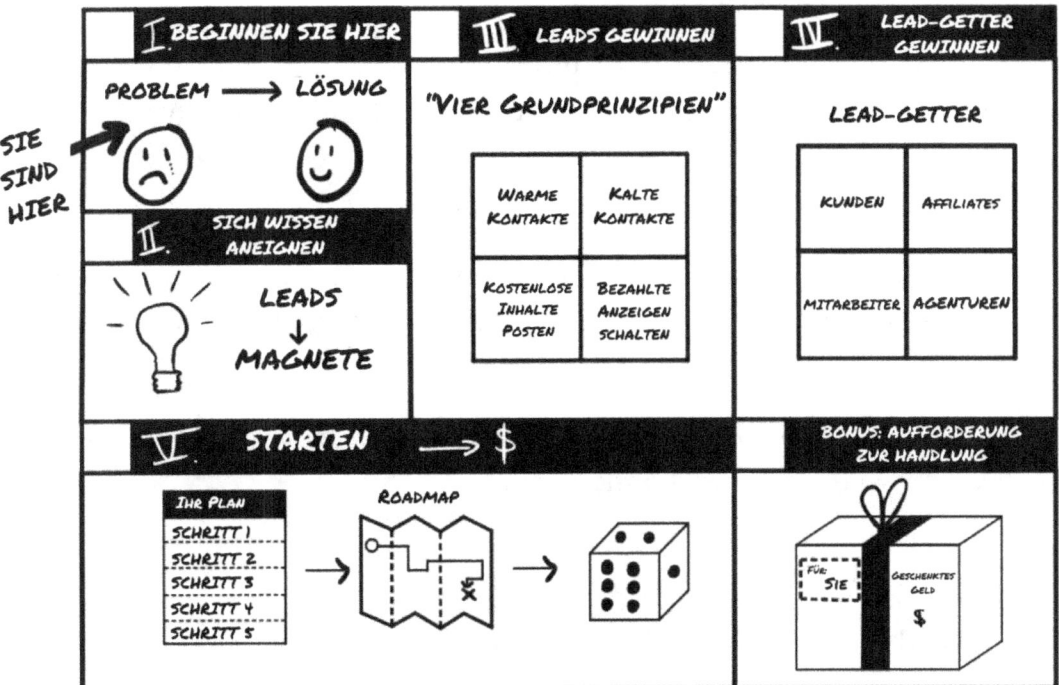

Um Geld zu verdienen, muss man etwas verkaufen. Es scheint einfach genug, aber jeder versucht, direkt zum Abschnitt „Geld verdienen" zu springen. Das funktioniert nicht. Ich habe es versucht. Man braucht *alle* Abschnitte. Sie brauchen das Zeug zum Verkauf – ein Angebot. Sie brauchen Leute, an die Sie es verkaufen können – Leads. Dann muss man diese Leute dazu bringen, es zu kaufen – Verkäufe. Erst wenn Sie alle diese Voraussetzungen erfüllt haben, *dann* können Sie Geld verdienen.

Mein erstes Buch, „*$100M Offers*" („*100 Millionen Dollar Angebote*"), behandelt den ersten Schritt und gibt Ihnen das *Zeug* dazu. Es beantwortet die uralte Frage „*Was soll ich verkaufen?*". Antwort – ein so gutes Angebot, dass die Leute sich dumm fühlen, wenn sie Nein sagen. Aber Fremde können Ihre Angebote nur kaufen, wenn sie wissen, dass es Sie gibt. Dies erfordert Leads. „Leads" bedeuten für viele verschiedene Menschen viele verschiedene Dinge. Aber die meisten sind sich einig, dass sie der erste Schritt sind, um mehr Kunden zu gewinnen. Einfacher ausgedrückt bedeutet das, dass sie ein Problem haben, das sie lösen wollen, und dass sie Geld ausgeben wollen.

Wenn Sie dieses Buch lesen, wissen Sie bereits, dass Leads nicht auf magische Weise entstehen. Sie müssen Sie sich holen. Genauer gesagt müssen Sie ihnen helfen, Sie zu finden, damit sie Ihre Angebote kaufen können! Und das Beste daran ist, dass Sie nicht warten müssen – Sie können sie *zwingen*, Sie zu finden. Das macht man durch Werbung.

Werbung, *der Prozess des Bekanntmachens*, informiert Fremde über die Dinge, die Sie verkaufen. Wenn mehr Leute von den Dingen erfahren, die Sie verkaufen, dann verkaufen Sie mehr davon. Wenn Sie mehr Sachen verkaufen, verdienen Sie mehr Geld. *Wenn man viele Leads hat, ist es schwer, arm zu sein.*

Mit Werbung können Sie ein schreckliches Produkt haben ... und trotzdem Geld verdienen. Sie können ein noch so schlechter Verkäufer sein … und trotzdem Geld verdienen. Damit können Sie eine Menge Fehler machen und *trotzdem. Geld. verdienen.* Kurz gesagt, wenn Sie über diese Fähigkeit verfügen, haben Sie endlose Chancen, *es richtig zu machen.*

Und in der gnadenlosen Geschäftswelt ist es schwierig, eine zweite Chance zu bekommen. Sie können also genauso gut in die Vollen gehen. *Werbung ist eine Fähigkeit, die es wert ist, erworben zu werden.*

Und dieses Buch, *100 Millionen Dollar Leads Zusammenfassung und Arbeitsbuch*, zeigt Ihnen *genau*, wie Sie das machen können.

So geht's:

Zunächst wird erklärt, wie Werbung funktioniert.

Zweitens werden die vier wichtigsten Wege zur Gewinnung von Leads aufgezeigt.

Drittens wird Ihnen gezeigt, wie Sie andere Menschen dazu bringen können, Werbung für Sie zu machen.

Zum Schluss gibt es einen One-Page-Werbeplan, mit dem Sie Ihr Geschäft *heute* ausbauen können.

Warum auf mich hören?

Über meine Holdinggesellschaft Acquisition.com werbe ich in verschiedenen Branchen. Unser Portfolio umfasst Software, E-Commerce, Unternehmensdienstleistungen, Verbraucherdienstleistungen, stationäre Ketten, digitale Produkte und viele andere. Zusammen erwirtschaften sie einen Jahresumsatz von über 250.000.000 US-Dollar. Und das erreichen sie, indem sie mehr als 20.000 Leads pro Tag gewinnen und Angebote von 1 bis über 1.000.000 US-Dollar verkaufen.

Persönlich gesehen habe ich eine lebenslange durchschnittliche Werberendite von 36:1. Das heißt, für jeden Dollar, den ich für Werbung ausgebe, bekomme ich 36 Dollar zurück. Eine Rendite von 3600 %. Manche Menschen haben ihr Vermögen an der Börse aufgebaut. Andere im Immobilienbereich. Ich habe meines *mit Werbung* aufgebaut.

Im *100 Millionen Dollar Leads Zusammenfassung und Arbeitsbuch* geht es darum, Fremde dazu zu bringen, sich für die Dinge *zu interessieren*, die Sie verkaufen. Und wenn ich diese Fähigkeit an Sie weitergegeben habe, sind Sie dran, sie zu nutzen.

Nachdem das erledigt ist, lassen Sie uns doch reich werden, oder?

Profi-Tipp: Schnelleres und tiefergehendes Lernen durch gleichzeitiges Lesen und Zuhören

Hier ist ein Life-Hack (Lebens-Trick, Kniff), über den ich vor Jahren gestolpert bin. Wenn Sie ein Hörbuch hören und gleichzeitig das physische Buch oder E-Book lesen, lesen Sie schneller und erinnern sich besser. Sie speichern die Inhalte an mehr Orten in Ihrem Gehirn. Eine gute Sache. **So** lese ich lesenswerte Bücher.

Ich mache auch deshalb beides, weil es mir schwerfällt, konzentriert zu bleiben. Wenn ich mir beim Lesen den Ton anhöre, hilft mir das, ein Abdriften zu vermeiden. Ich habe zwei Tage gebraucht, um dieses Buch laut aufzunehmen. Ich habe es getan, damit Sie es nicht mehr tun müssen, wenn Sie genau solche Probleme haben wie ich.

Wenn Sie es ausprobieren möchten, können Sie sich die Audioversion holen und sich selbst überzeugen. Ich habe meine Bücher so billig gemacht, wie es die Plattformen zulassen, das ist also kein Trick, um zusätzliches Geld zu verdienen - ich verspreche es. Ich hoffe, Sie finden den „Hack" genauso wertvoll wie ich.

Ich dachte, ich setze diesen „Hack" (Trick) schon recht früh ein. Auf diese Weise haben Sie die Chance, ihn auszuprobieren, wenn Sie das erste Kapitel wertvoll genug finden, um Ihre Aufmerksamkeit zu erregen.

Profi-Tipp: Hack für das Zu-Ende-Lesen von Büchern

Ich lasse mich leicht ablenken. Ich brauche also kleine Tricks, um meine Aufmerksamkeit zu behalten. Das hilft mir sehr: <u>Lesen Sie die Kapitel zu Ende. Hören Sie nicht mittendrin auf.</u> Das Abschließen eines Kapitels gibt Ihnen positive Bestärkung. Es hält Sie am Laufen. Wenn Sie also auf ein schwieriges Kapitel stoßen, beenden Sie es, damit Sie mit dem nächsten neu beginnen können.

Das Problem, das dieses Buch löst

„Leads, viele Leads."

Sie haben ein Problem: *Nicht genug Leute wissen von Ihrem Angebot. Also müssen Sie mehr und besser werben.*

Wie dieses Buch das Problem löst:

Das *100 Millionen Dollar Leads Zusammenfassung und Arbeitsbuch* konzentriert sich darauf, mehr Kunden zu gewinnen. Sie gewinnen mehr Kunden, indem Sie Folgendes generieren:

1) Mehr Leads

2) Bessere Leads

3) Günstigere Leads

4) Zuverlässige Leads (denken Sie an „von vielen Orten aus").

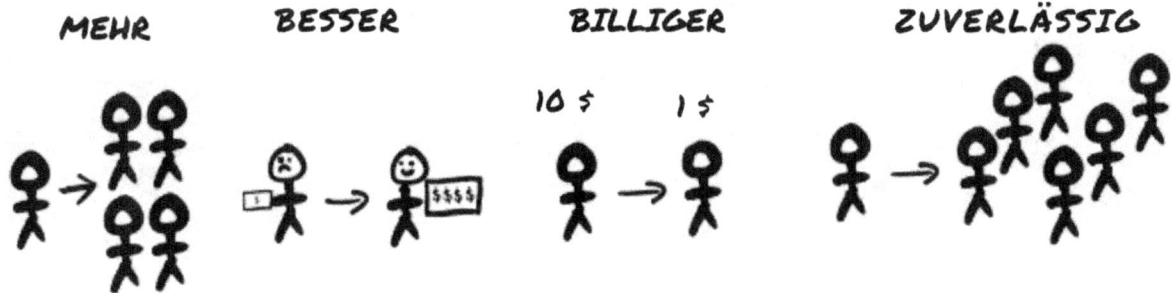

Unterm Strich: Sofern alles andere gleich bleibt … <u>wenn Sie Ihre Leads verdoppeln, verdoppeln Sie Ihr Geschäft.</u>

Kurz gesagt: Ich zeige Ihnen, wie Sie Fremde dazu bringen, Ihre Angebote kaufen zu *wollen*.

Grundlegende Gliederung dieses Buches

Ich habe dieses Buch von null Kunden, null Leads, null Werbung, null Geld, null Fähigkeiten (Abschnitt II) bis hin zu maximalen Kunden, maximalen Leads, maximaler Werbung, maximalem Geld und maximalen Fähigkeiten (Abschnitt IV) gegliedert. Wir gehen also von der Gewinnung Ihres ersten Leads bis hin zum Aufbau einer Lead-Maschine im Wert von über 100.000.000 US-Dollar. Hier ist die Aufschlüsselung:

Abschnitt I: *Sie sind gerade dabei, ihn zu Ende zu lesen.*

Abschnitt II: Ich verrate, wie Werbung *wirklich* funktioniert.

Abschnitt III: Wir lernen die „vier Grundprinzipien" der Werbung kennen. Es gibt nur vier Möglichkeiten, Leads zu gewinnen. Wenn es also einen sehr wichtigen „Wie macht man"-Abschnitt gibt, dann ist es dieser.

Abschnitt IV: Wir lernen, wie wir andere Menschen (Kunden, Mitarbeiter, Agenturen und Partner) dazu bringen, alles für Sie zu tun. Und damit ist die Montage Ihrer voll funktionsfähigen *100-Millionen-Dollar-Leads*-Maschine abgeschlossen.

Abschnitt V: Wir schließen mit einem One-Page-Werbeplan ab, mit dem Sie noch heute mehr Leads gewinnen können.

GOLDENES TICKET

Wir investieren in Unternehmen mit einem Gewinn von über 1.000.000 US-Dollar, um sie bei der Skalierung zu unterstützen. Wenn Sie möchten, dass wir in Ihr Unternehmen investieren, um es zu vergrößern, gehen Sie zu Acquisition.com. Dort finden Sie auch **kostenlose** Bücher und Kurse, die so gut sind, dass sie Ihr Unternehmen ohne Ihre Zustimmung wachsen lassen. Und wenn Sie nicht gerne tippen, können Sie hier den QR-Code scannen, um sie zu erhalten.

SCANNE MICH

ABSCHNITT II:
SICH WISSEN ANEIGNEN

Werbung. Vereinfacht dargestellt.

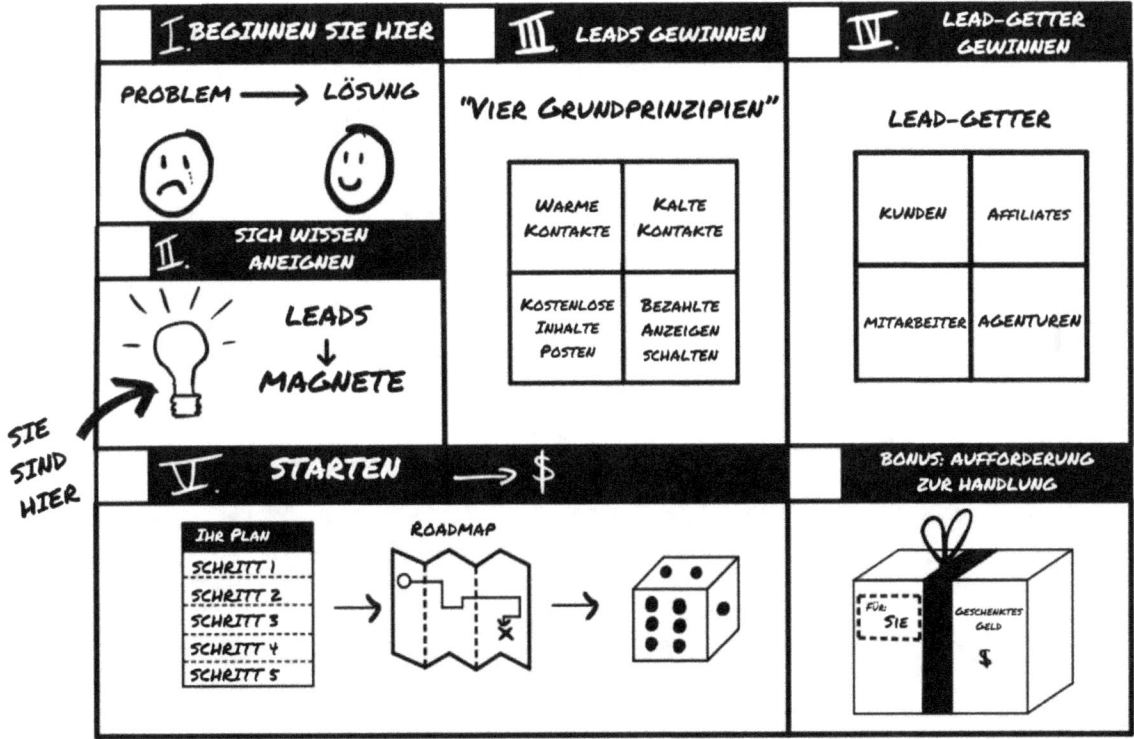

In diesem Abschnitt behandeln wir drei Dinge, um sicherzustellen, dass Werbung genau das tut, was wir wollen.

Zuerst sprechen wir darüber, was ein Lead eigentlich ist. Wenn wir mehr davon wollen, dann sollten wir hundertprozentig sicher sein, dass wir über dasselbe reden.

Zweitens lernen wir, wie Sie Leads, die Ihnen Geld einbringen, von Leads, die Ihre Zeit verschwenden, trennen.

Drittens zeige ich Ihnen die besten Möglichkeiten, die ich kenne, um die Leads, mit denen Sie Geld verdienen, dazu zu bringen, *sich für die von Ihnen verkauften Produkte zu interessieren.*

Lassen Sie uns in die Materie eintauchen.

Leads allein reichen nicht aus

„Wenn du etwas nicht mit einfachen Worten erklären kannst, dann hast du es nicht verstanden."
- Dr. Richard Feynman, Nobelpreisträger für Physik

Was ist eigentlich ein Lead?

Ein **Lead** ist eine ***Person, die Sie kontaktieren können***.

Beispiel: Wenn Sie eine E-Mail-Liste gekauft haben, sind das Leads. Wenn Sie Kontaktinformationen von einer Website oder einer Datenbank bekommen, sind das Leads. Die Nummern in Ihrem Telefon sind Leads. Menschen auf der Straße sind Leads. *Wenn Sie sie kontaktieren können, sind sie Leads.*

Leads allein reichen nicht aus ...

Aber mir wurde klar, dass *Leads allein nicht genug sind*. Wir brauchen ***engagierte* Leads:** *Menschen, die Interesse an den Produkten zeigen, die Sie verkaufen.* Wenn jemand seine Kontaktinformationen auf einer Website *angibt*, ist das ein engagierter Lead. Wenn Ihnen jemand in den sozialen Medien *folgt* und Sie ihn kontaktieren können, ist das ein engagierter Lead. Wenn jemand auf Ihre E-Mail-Kampagne *antwortet*, handelt es sich um einen engagierten Lead. Die Leads, *die Interesse zeigen*, sind die Leads, auf die es ankommt.

Engagierte Leads sind der wahre Ertrag von Werbung.

In diesem Buch geht es darum, mehr *engagierte* Leads zu gewinnen. Die nächste Frage lautet also: *Wie bringen wir Leads dazu, sich zu engagieren?*

Binden Sie Ihre Leads mit ein: Angebote und Lead-Magnete

„Ich nehme keine Drogen. Ich bin Drogen" - Salvador Dali

Lead-Magnete bringen Leads dazu, sich zu engagieren

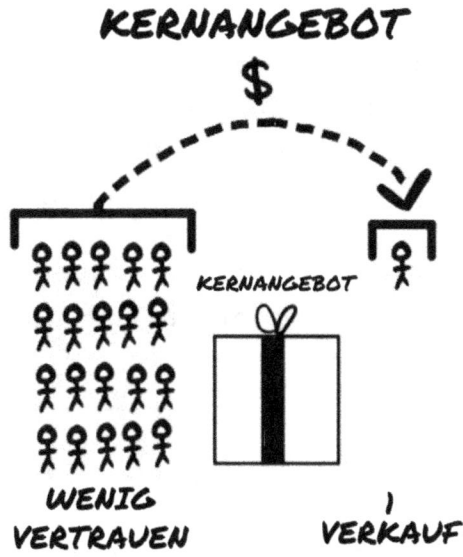

Unter **Angeboten** versteht man das, was Sie als Gegenleistung für etwas Wertvolles zu geben versprechen. Oftmals verspricht ein Unternehmen, sein Produkt oder seine Dienstleistung gegen Geld anzubieten. Das ist ein *Kernangebot.* Wenn Sie Ihr Kernangebot bewerben, gehen Sie direkt in den Verkauf – den direkten Weg zum Geld. Die Werbung für Ihr Kernangebot reicht möglicherweise aus, um Leads zum Engagement zu bewegen. Versuchen Sie es zunächst auf diese Weise.

Was Sie tun sollten, wenn die Werbung für Ihr Kernangebot nicht sofort funktioniert ...

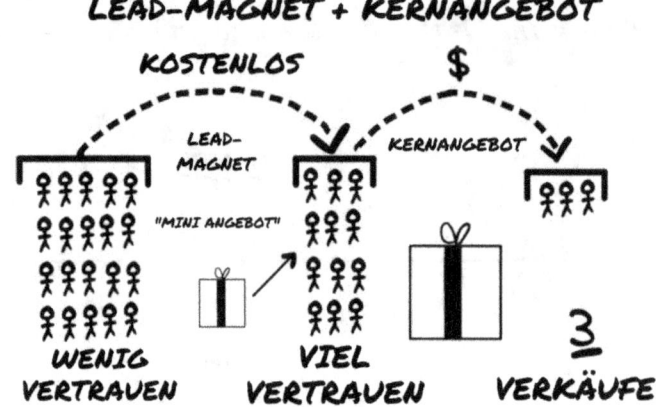

Wenn Sie teure Sachen verkaufen oder die Leute mehr Informationen brauchen, um zu kaufen, dann bekommen Sie mehr Leads, wenn Sie zuerst mit einem Lead-Magneten werben. Ein **Lead-Magnet** ist eine <u>Komplettlösung für ein kleines Problem</u>. In der Regel handelt es sich um ein günstigeres oder kostenloses Angebot, um zu sehen, wer sich für Ihre Angebote interessiert. Und wenn das Problem gelöst ist, offenbart es ein weiteres Problem, *das durch Ihr Kernangebot gelöst wird*. Das ist wichtig, weil Leads, die *jetzt* an günstigeren oder kostenlosen Angeboten interessiert sind, *später* mit größerer Wahrscheinlichkeit ein entsprechendes teureres Angebot kaufen werden.

Ihr Lead-Magnet sollte also für sich genommen so wertvoll sein, dass Sie dafür Geld verlangen *könnten*. Und nachdem die Leute ihn bekommen haben, sollten sie *mehr* von dem wollen, was Sie anbieten. Das bringt sie dem Kauf Ihrer Angebote einen <u>Schritt</u> näher. *<u>Eine Person, die jetzt mit ihrer Zeit bezahlt, wird später eher mit ihrem Geld bezahlen.</u>*

Gute Lead-Magnete generieren mehr engagierte Leads und Kunden als ein Kernangebot allein, und das für weniger Geld. Also lassen Sie uns einen Lead-Magneten produzieren, ja?

Profi-Tipp: Auch Gratis-Artikel haben ihren Preis

Die Leute geben Ihnen Zeit, bevor sie Ihnen Geld geben. Aber Zeit ist immer noch ein Kostenfaktor. Wenn Ihr Lead-Magnet seine Zeit nicht wert ist, *ist er überteuert.* Und egal, ob kostenlos oder nicht, man wird nie wieder bei Ihnen kaufen.

Betrachten Sie es also so: Wenn die Leute meinen, dass Ihr Lead-Magnet ihre Zeit **wert** ist, werden sie annehmen, dass Ihr Kernangebot ihr Geld wert ist.

Sieben Schritte zur Erstellung eines effektiven Lead-Magneten

Schritt 1: Finden Sie heraus, welches Problem Sie lösen wollen und für wen Sie es lösen wollen.

Schritt 2: Finden Sie heraus, wie Sie es lösen können.

Schritt 3: Finden Sie heraus, wie Sie die Lösung liefern können.

Schritt 4: Testen Sie, wie Sie das Produkt benennen können.

Schritt 5: Machen Sie es einfach zu konsumieren.

Schritt 6: Machen Sie es richtig gut.

Schritt 7: Machen Sie es den Menschen leicht, Ihnen zu sagen, dass sie mehr wollen.

Schritt 1: Finden Sie heraus, welches Problem Sie lösen wollen und für wen Sie es lösen wollen

Der erste Schritt besteht darin, das zu lösende Problem auszuwählen. Um das herauszufinden, verwende ich ein einfaches Modell. Ich nenne es den Problem-Lösungs-Zyklus. Sie können es unten sehen.

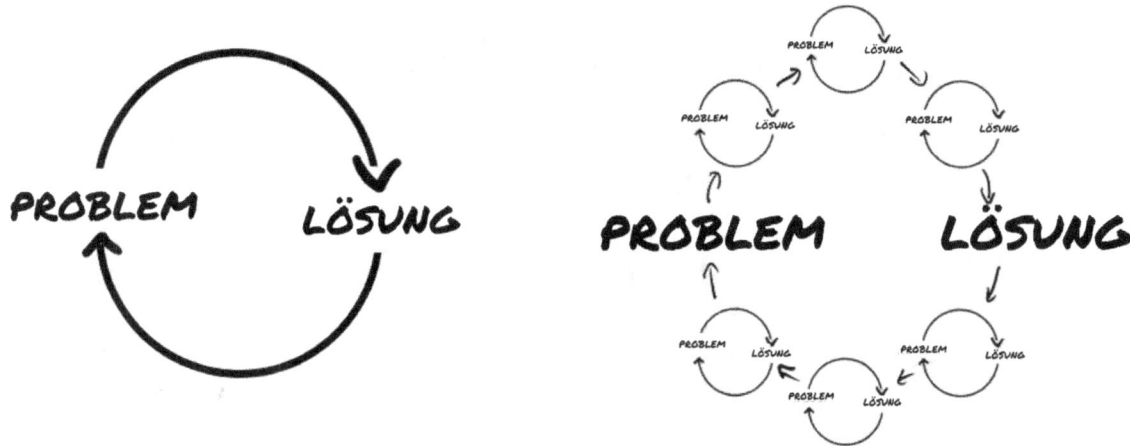

Für jedes Problem gibt es eine Lösung. Jede Lösung offenbart weitere Probleme. Wir beginnen damit, ein Problem auszuwählen, das eng definiert *und* bedeutungsvoll ist. Dann lösen wir es. Und wie wir gerade gelernt haben, taucht ein neues Problem auf, wenn wir ein Problem lösen. Jetzt kommt der wichtige Teil: *Wenn wir dieses neue Problem mit unserem Kernangebot lösen können, haben wir einen Gewinner.* Das liegt daran, dass wir dieses neue Problem *gegen Geld* lösen. Das ist es. Denken Sie nicht zu viel darüber nach.

Übung Nr. 1: Wählen Sie das eng definierte Problem, das Sie lösen wollen. Stellen Sie dann sicher, dass Ihr Kernangebot das nächste Problem lösen kann. Füllen Sie die Lücken unten aus.

Das eng definierte Problem, das ich lösen werde: Ich werde _____ helfen, ihr _____ Problem zu lösen. Dadurch wird ihr _____ Problem aufgedeckt, das durch mein Kernangebot gelöst wird.

Schritt 2: Finden Sie heraus, wie Sie das Problem lösen können

Es gibt drei Arten von Lead-Magneten und jede bietet eine andere Art von Lösung.

Erstens: Wenn Ihre Zielgruppe ein Problem hat, von dem sie noch nichts weiß, kann Ihr Lead-Magnet sie darauf aufmerksam machen. Zweitens könnten Sie ein immer wiederkehrendes Problem für eine kurze Zeit mit einem Muster oder einer Testversion Ihres Kernangebots lösen. Drittens können Sie ihrer Zielgruppe einen Schritt in einem mehrstufigen Prozess anbieten, der ein größeres Problem löst. Alle drei lösen ein Problem und zeigen andere auf. Ihre drei Arten sind also: 1) Probleme aufdecken, 2) Muster und Testversionen und 3) ein einzelner Schritt eines mehrstufigen Prozesses.

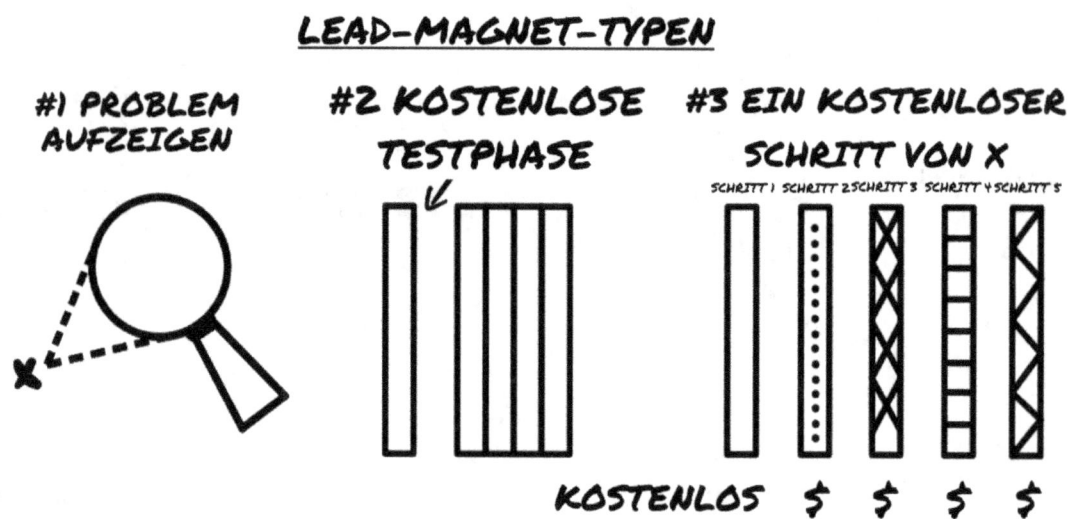

1) **Decken Sie das Problem Ihrer Zielgruppe auf.** Denken Sie an „Diagnose". Diese Lead-Magnete funktionieren gut, wenn sie Probleme aufzeigen, die sich verschlimmern, je länger man wartet. Beispiel: Sie führen einen kostenlosen Geschwindigkeitstest für eine Website durch und zeigen, dass die Zielgruppe jeden Tag Geld verliert, wenn sie das Problem nicht behebt.

2) **Muster und Testversionen.** Sie gewähren vollständigen, aber kurzen Zugang zu Ihrem Kernangebot. Sie können die Anzahl der Nutzungen, die Zugriffszeit oder beides begrenzen. Dies funktioniert hervorragend, wenn Ihr Kernangebot eine wiederkehrende Lösung für ein wiederkehrendes Problem ist.

   <u>Beispiel</u>: 14 Tage lang die Geschwindigkeit erhöhen, um zu sehen, wie viele Kunden jemand bekommen kann.

3) **Ein einzelner Schritt eines mehrstufigen Prozesses.** Wenn Ihr Kernangebot Schritte enthält, können Sie einen wertvollen Schritt kostenlos geben und die restlichen beim Kauf. Dies funktioniert hervorragend, wenn Ihr Kernangebot ein komplexeres Problem löst. <u>Beispiel</u>: Dieses Buch hilft Ihnen beim Skalieren. Wenn Sie dann skalieren, haben Sie neue Probleme, die Sie als Portfoliounternehmen lösen können.

Übung Nr. 2: Wählen Sie aus, wie Sie das eng definierte Problem lösen wollen. Mit ...

☐ Einer Begutachtung
☐ Einem Muster oder einer Testversion
☐ Einem einzelnen Schritt in einem mehrstufigen Prozess.

Schritt 3: Finden Sie heraus, wie Sie die Lösung liefern können

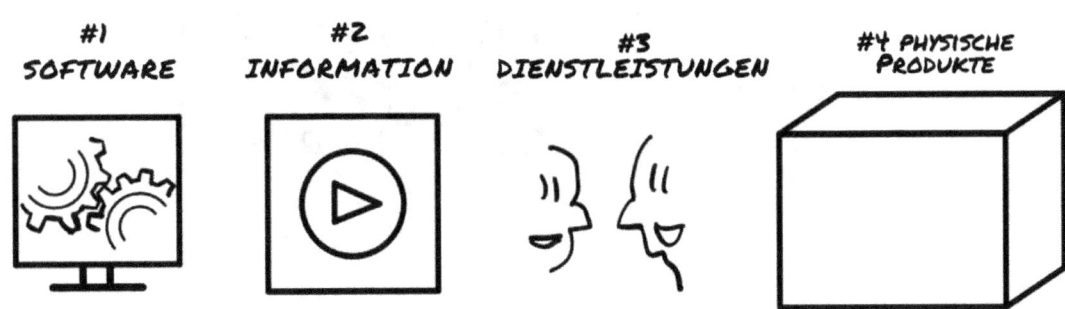

Meine Lieblings-Lead-Magneten lösen Probleme mit: Software, Informationen, Dienstleistungen und physischen Produkten.

1) <u>Software</u>: *Sie geben den Leuten ein Werkzeug.* Wenn Sie über eine Tabellenkalkulation, einen Taschenrechner oder eine kleine Software verfügen, übernimmt Ihre Technologie eine Aufgabe für sie.

2) <u>Informationen</u>: *Sie bringen ihnen etwas bei.* Kurse, Lektionen, Interviews mit Experten, Keynote-Präsentationen, Live-Events, Fehler und Fallstricke, Hacks/Tipps usw. Alles, wovon sie <u>lernen</u> können.

3) <u>Dienstleistungen</u>: *Sie arbeiten umsonst.* Passen Sie ihre Körperhaltung an. Führen Sie ein Website-Audit durch. Tragen Sie die erste Schicht Garagenversiegelung auf. Verwandeln Sie ihr Video in ein E-Book. Usw.

4) <u>Physische Produkte</u>: *Sie geben ihnen etwas, das sie in den Händen halten können.* Eine Tabelle zur Beurteilung der Körperhaltung, ein Nahrungsergänzungsmittel, eine kleine Flasche Dichtungsmittel für Garagentore, Boxhandschuhe, um Box-Fitness-Starthilfen zu erhalten. Usw.

Übung Nr. 3: Schreiben Sie eine Version Ihres Lead-Magneten für jede Liefermethode auf und treffen Sie Ihre Wahl.

☐ Softwareversion: _____

☐ Informationsversion: _____

☐ Dienstleistungsversion: _____

☐ Physische Produktversion: _____

Schritt 4: Testen Sie, wie Sie das Produkt benennen können

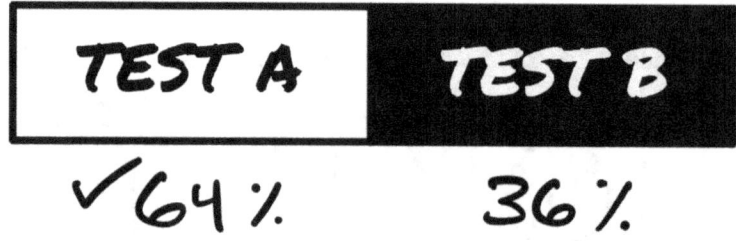

Fünfmal mehr Menschen lesen Ihre Überschrift als jeden anderen Teil Ihrer Werbung. Leads müssen Ihren Lead-Magneten erst einmal wahrnehmen, *bevor* sie ihn konsumieren können. Das bedeutet, dass die Art und Weise, wie wir ihn präsentieren, mehr als alles andere zählt. Als Nächstes tun Sie Folgendes - <u>Sie testen</u>.

Die drei Dinge, die Sie testen sollten, sind die Überschrift, das Bild/die Bilder und die Unter-Überschrift, und zwar in dieser Reihenfolge. Die Überschrift ist das Wichtigste. Wenn Sie also nur eine Sache testen, dann testen Sie diese. Ich hatte zum Beispiel keine Ahnung, wie ich dieses Buch betiteln sollte. Also habe ich Folgendes getan, um herauszufinden, welcher Name am besten funktionieren würde - **ich habe getestet**. Die Ergebnisse werden Sie vielleicht genauso überraschen wie mich.

Überschrift-Tests

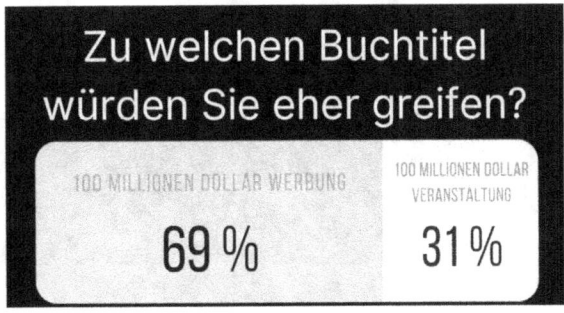

Runde I: Werbung ✔ vs. Promotion

Runde II: Werbung vs. Leads ✔

Runde III: Marketing vs. Leads ✔

<u>Bild-Test</u>

✔ Real vs. Cartoon

<u>Unter-Überschriften</u>

<u>Runde I:</u>   <u>Runde II:</u>

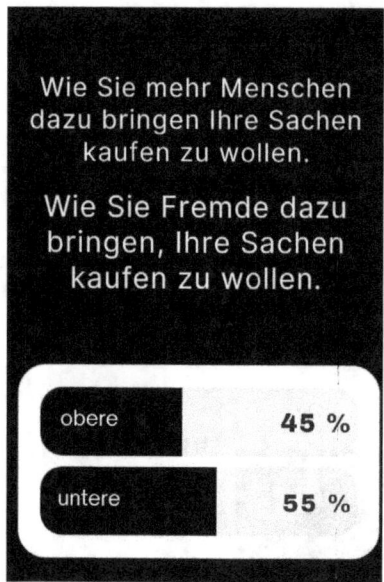   

„Wie Sie mehr Menschen dazu bringen, Ihre Sachen kaufen zu wollen"

„Wie Sie Fremde dazu bringen, Ihre Sachen kaufen zu wollen" ✔

„Wie Sie mehr Fremde dazu bringen, Ihre Sachen kaufen zu wollen"

„Wie Sie Fremde dazu bringen, Ihre Sachen kaufen zu wollen" ✔

Runde III: Runde IV:

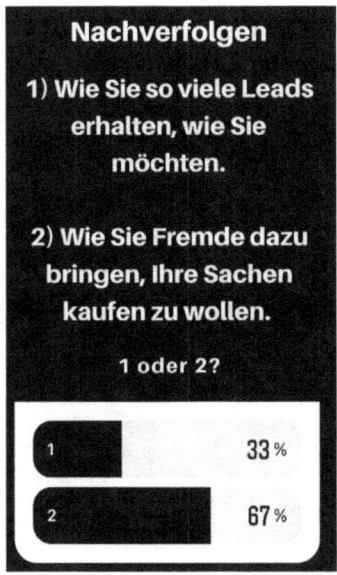

„Wie Sie so viele Leads
bekommen, wie Sie wollen"

„Wie Sie Fremde dazu bringen, Ihre
Sachen kaufen zu wollen" ✔

„Bringen Sie Fremde dazu, Ihre
Sachen kaufen zu wollen"

„Wie Sie Fremde dazu bringen, Ihre
Sachen kaufen zu wollen" ✔

Übung Nr. 4: Überlegen Sie sich 3-4 Namen für Ihren Lead-Magneten. Dann testen Sie sie.

☐ Wenn Sie irgendwelche Follower haben, machen Sie eine Umfrage wie die oben angeführten Beispiele.

☐ Wenn Sie das nicht können, veröffentlichen Sie auf jeder Plattform einen Post und bitten Sie die Leute, mit einer „1" oder einer „2" zu antworten, und zählen Sie dann die jeweiligen Stimmen zusammen.

☐ Wenn Sie das immer noch nicht schaffen, dann schreiben Sie den Leuten einfach eine Nachricht und fragen sie: A oder B?

Schritt 5: Machen Sie es ihnen leicht, es zu konsumieren

Menschen ziehen es vor, Dinge zu tun, die weniger Aufwand erfordern. Wir müssen es also einfach machen, unseren Lead-Magneten zu konsumieren. **Hier erfahren Sie, wie Sie die einzelnen Liefermechanismen einfacher gestalten können:**

1) <u>Software</u>: Sie möchten Ihr Produkt auf ihren Telefonen, auf einem Computer und in verschiedenen Formaten zugänglich machen. Auf diese Weise wählen sie dasjenige aus, das für sie am einfachsten ist.

2) <u>Informationen</u>: Menschen konsumieren Dinge gerne auf unterschiedliche Weise. Manche Leute schauen gerne zu, andere lesen gerne, andere hören gerne zu usw. Erstellen Sie Ihre Lösung in so vielen Formaten wie möglich: Bilder, Video, Text, Audio usw. Bieten Sie sie alle an.

3) <u>Dienstleistungen</u>: Seien Sie zu mehr Zeiten und auf mehr Arten verfügbar. Mehr Tageszeiten. Mehr Tage in der Woche. Per Videoanruf, Telefonanruf, persönlich usw. Je einfacher Sie zu erreichen sind, desto wahrscheinlicher ist es, dass die Menschen sich engagieren und den kostenlosen Service in Anspruch nehmen.

4) <u>Physische Produkte</u>: Sorgen Sie dafür, dass das Produkt super einfach zu bestellen und schnell zu bekommen ist. Sorgen Sie außerdem dafür, dass das Produkt schnell selbst und einfach zu öffnen ist. Geben Sie einfache Anweisungen zur Verwendung des Produkts.

Übung Nr. 5: Gestalten Sie, basierend auf der Liefermethode aus Übung Nr. 3 und den obigen Informationen, Ihren Lead-Magneten so einfach wie möglich, damit mehr Leads ihn konsumieren.

Schritt 6: Machen Sie es richtig gut

Geben Sie die Geheimnisse preis, verkaufen Sie die Implementierung

Der Markt bewertet alles, was Sie anbieten – *sei es kostenlos oder nicht*. Und Sie können nie zu viel Wert bieten. Aber Sie *können auch* zu wenig bieten. Sie möchten also, dass Ihr Lead-Magnet einen so hohen Mehrwert bietet, dass sich die Leute verpflichtet fühlen, Ihnen Geld zu zahlen. Das Ziel besteht darin, mehr Wert zu bieten als die <u>Kosten Ihres Kernangebots</u> ausmachen, *bevor sie es gekauft haben.*

Haben Sie keine Angst davor, zu viel Wert zu verschenken. Fürchten Sie sich stattdessen davor, zu wenig zu verschenken - und dass die Leute das herausfinden.

Übung Nr. 6: Schreiben Sie die Kosten für Ihr Kernangebot auf: _____ Dollar.

Achten Sie darauf, dass Ihr Lead-Magnet mehr Wert für Ihre Zielgruppe hat als dieser Betrag.

Schritt 7: Machen Sie es den Menschen leicht, Ihnen zu sagen, dass sie mehr wollen

Sobald die Leads den Lead-Magneten konsumiert haben, werden einige von ihnen bereit sein, Ihr Angebot zu kaufen oder mehr darüber zu erfahren. Das ist der richtige Zeitpunkt, um einen Call To Action (Aufforderung zum Handeln) zu formulieren. Ein **Call To Action (CTA)** *sagt dem Publikum, was es als nächstes tun soll.* Gute CTAs enthalten zwei Dinge: 1) was zu tun ist und 2) Gründe, es sofort zu tun.

<u>Was zu tun ist</u>: CTAs fordern das Publikum auf, eine angegebene Nummer anzurufen, auf eine Schaltfläche zu klicken, bestimmte Informationen zu übermitteln, den Anruf zu buchen usw. Es gibt viel zu viele CTAs, um alle aufzuzählen. Alles, was Sie wissen müssen, ist, dass CTAs dem Publikum sagen, wie man zu engagierten Leads wird. Gute CTAs sind klar, einfach und direkt formuliert. Nicht „*Zögern Sie nicht*", sondern „*Rufen sie jetzt an*".

<u>Gründe, es sofort zu tun</u> - Wenn Sie den Menschen einen Grund geben, etwas zu tun, werden mehr Menschen genau das tun. Aber ein paar Dinge sollten Sie im Hinterkopf behalten: Erstens funktionieren gute Gründe besser als schlechte Gründe. Und zweitens funktioniert jeder Grund (auch ein schlechter) tendenziell besser als gar kein Grund. Um also mehr Menschen zum Handeln zu bewegen, gebe ich so viele gute Gründe an, wie ich kann. Hier sind meine Lieblingsgründe, um sofort zu handeln:

a) **Knappheit** - Knappheit *liegt vor, wenn es nur eine begrenzte Menge von etwas gibt.*

b) **Dringlichkeit**. Dringlichkeit *bedeutet, dass Menschen schneller handeln, weil sie nur wenig Zeit haben.* Sie können unbegrenzt viele Einheiten verkaufen, aber nehmen wir an, Sie hören in einer Stunde auf, sie zu verkaufen ... *mit Absicht.* Je weniger Zeit die Menschen haben, desto schneller (dringlicher) handeln sie. Wenn Sie also die Zeit verkürzen, in der sie auf Ihren CTA reagieren können, können Sie mehr von ihnen dazu bringen, schneller darauf zu reagieren. Sie können die gleiche Dringlichkeit auch mit Rabatten oder Boni nutzen, die nach X Minuten oder Stunden verfallen. Danach wird dieses Angebot nie wieder verfügbar sein.

c) **Studentenverbindungs-Partyplaner (mein Favorit) – Erfinden Sie einfach einen Grund**. Studentenverbindungen brauchen keinen Grund, um zu feiern - aber sie denken sich schon ein paar tolle Sachen aus. „John wurden seine Weisheitszähne entfernt ... Fassbier!" „Margherita Montag!" „Toga-Dienstag" „Durstiger Donnerstag!" usw. Ihre Begründung muss nicht einmal einen Sinn ergeben *und wird trotzdem* mehr Leute zum Handeln bewegen.

Übung Nr. 7: Fügen Sie Ihrem Lead-Magneten Funktionen hinzu, um einen überzeugenden CTA zu erstellen.

Einfacher, klarer CTA: _____

Ein Grund, es sofort zu tun (Dringlichkeit und/oder Knappheit): _____

_____

Warum überhaupt einen Lead-Magneten verwenden?

Auch wenn Ihr Lead-Magnet Geld kostet, sollte er Ihre Kosten für die Gewinnung eines neuen Kunden *senken*. Denn mehr engagierte Leads bedeuten mehr Chancen auf Kunden. Und die zusätzlichen Kunden decken Ihre Kosten *mehr als ab*. Das ist der Punkt.

Wenn Sie früher 5 Leute direkt zum Kauf bewegt haben, können Sie für die gleichen Kosten 100 Leads erzeugen und zehn Prozent von ihnen zum Kauf bewegen. Das bedeutet, dass Sie Ihren Umsatz verdoppeln, wenn Sie einen Leadmagneten zu Ihrer Werbung *hinzufügen*.

Aktionsschritte:

Schritt 0: Wenn Sie Schwierigkeiten haben, Leads zu gewinnen, erstellen Sie einen <u>tollen</u> Lead-Magneten.

Schritt 1: Finden Sie heraus, Sie, welches Problem Sie für den richtigen Kunden lösen möchten.

Schritt 2: Finden Sie heraus, wie Sie es lösen möchten.

Schritt 3: Finden Sie heraus, wie Sie Ihre Sache liefern können.

Schritt 4: Formulieren Sie den Namen interessant und klar.

Schritt 5: Sorgen Sie dafür, dass Ihr Produkt einfach zu konsumieren ist.

Schritt 6: Stellen Sie sicher, dass es richtig gut ist.

Schritt 7: Sagen Sie den Menschen, was als nächstes zu tun ist, warum es eine gute Idee ist und tun Sie dies verständlich und häufig.

Übung Nr. 8: Kombinieren Sie die Antworten aus den Übungen 1-7. Jetzt haben Sie Ihren Lead-Magneten.

Abschnitt II Schlussfolgerung

Mein Ziel mit diesem Arbeitsbuch ist es, den Prozess der Lead-Generierung zu entmystifizieren. Im ersten Kapitel haben wir erklärt, warum Leads allein nicht ausreichen – Sie brauchen *engagierte Leads*. Im zweiten Kapitel haben wir besprochen, wie man Leads dazu bringt, sich zu engagieren - mit *einem wertvollen Lead-Magneten oder Angebot*. Und ein guter Lead-Magnet bewirkt vier Dinge:

1) Er spricht die idealen Kunden an, wenn sie ihn sehen.

2) Er bringt mehr Menschen dazu, sich zu engagieren, als Ihr Kernangebot allein.

3) Er ist wertvoll genug, dass sie ihn konsumieren.

4) Er erhöht die Wahrscheinlichkeit, dass die richtigen Leute kaufen.

Dadurch zeigen mehr Menschen Interesse an unseren Produkten. Wir verdienen mehr Geld damit. Und wir liefern mehr Wert als jemals zuvor – und das alles gleichzeitig.

Der nächste Schritt:

Wir haben uns mit einem starken Lead-Magneten ausgestattet. Jetzt zeige ich Ihnen die vier Möglichkeiten, wie wir ihn bewerben können. Mit anderen Worten: Jetzt, wo wir „das Rüstzeug" haben, müssen wir den Leuten davon erzählen. Holen wir uns ein paar Leads.

KOSTENLOSES GESCHENK: Bonus-Tutorial zur Erstellung des ultimativen Lead-Magneten

Wenn Sie einen genaueren Blick darauf werfen möchten, wie wir wahnsinnig gute Lead-Magnete herstellen, gehen Sie zu Acquisition.com/training/leads. Es ist kostenlos und öffentlich verfügbar. Wie versprochen ist es mein Ziel, Ihr Vertrauen zu gewinnen. Und Vertrauen wird Stein für Stein aufgebaut. Lassen Sie dieses Training den ersten von vielen Bausteinen sein. Viel Spaß! Sie können auch den QR-Code scannen, wenn Sie nicht gern tippen.

ABSCHNITT III: LEADS GEWINNEN

Die vier grundlegenden Werbemethoden.

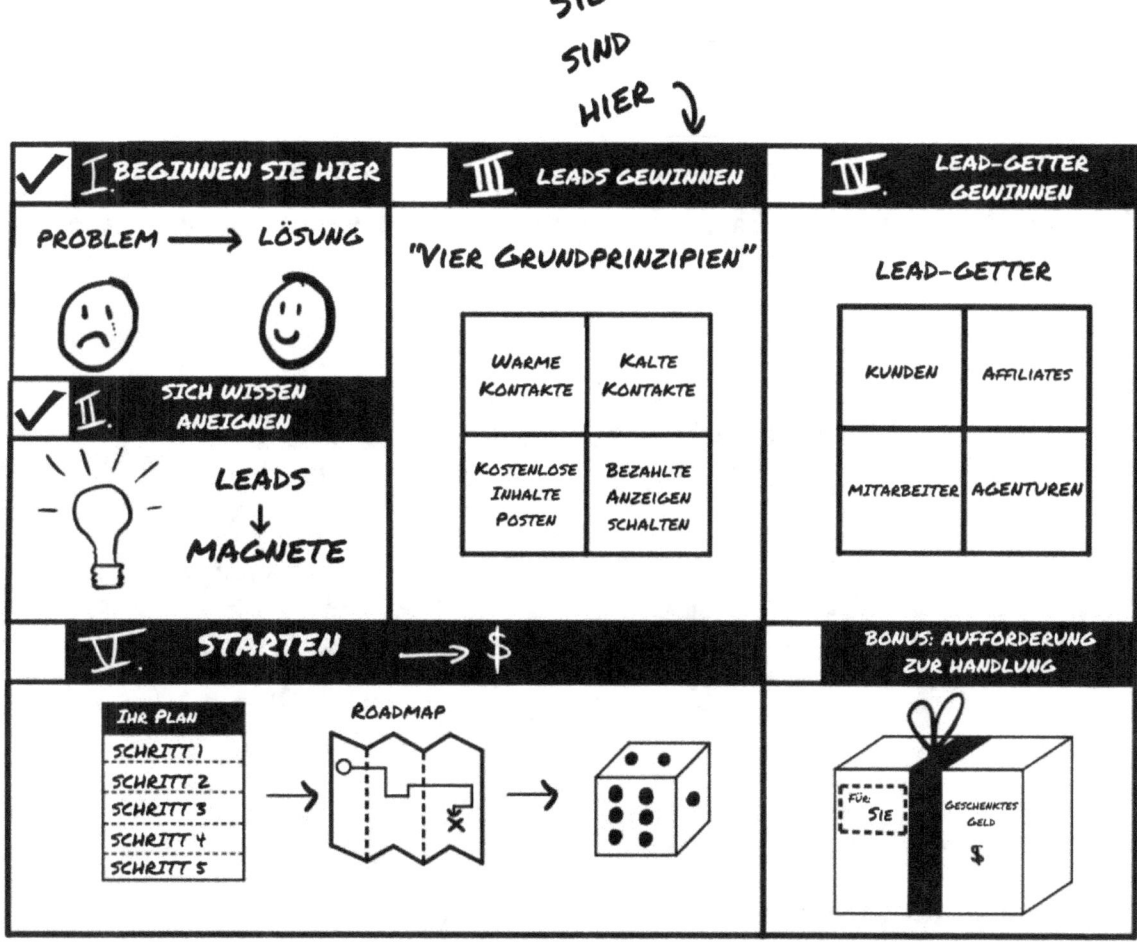

Wir gewinnen engagierte Leads, indem wir die Leute über unsere Produkte informieren. Und es gibt zwei Arten von Menschen, die wir informieren: Menschen, die uns kennen, und Menschen, die uns nicht kennen. Dabei gibt es zwei Möglichkeiten, sie darüber zu informieren: eins-zu-eins (one-to-one) und eins-zu-viele (one-to-many). Daraus ergeben sich die vier grundlegenden Möglichkeiten, wie eine Person andere Menschen über alles informieren kann. Lassen Sie uns aufschlüsseln, wie wir diese vier Möglichkeiten nutzen können, um Leads zu gewinnen.

Zwei Arten von Publikum: Warm und kalt

Warmes Publikum: Das sind *Menschen, die Ihnen die Erlaubnis gegeben haben, sie zu kontaktieren.* Denken Sie an „Menschen, die Sie kennen" – also Freunde, Familie, Follower, aktuelle Kunden, frühere Kunden, Kontakte usw.

Kaltes Publikum: Das sind *Menschen, die Ihnen nicht die Erlaubnis gegeben haben, sie kontaktieren.* Denken Sie an „Fremde" – auch bekannt als – Zielgruppen anderer Leute: Kontaktlisten kaufen, Kontaktlisten erstellen, Plattformen für den Zugang bezahlen usw.

Der Unterschied ist wichtig, weil er die Art und Weise verändert, *wie* wir ihnen gegenüber Werbung machen.

Zwei Arten der Kommunikation: eins-zu-eins (privat), eins-zu-viele (öffentlich)

Wir können mit Menschen 1-zu-1 oder 1-zu-vielen in Kontakt treten. Eine andere Möglichkeit, darüber nachzudenken, ist die private oder öffentliche Kommunikation. Bei privater Kommunikation erhält jeweils nur eine Person eine Nachricht. Denken Sie an „Telefonanruf" oder „E-Mail". Wenn man etwas öffentlich ankündigt, können es viele Leute gleichzeitig bekommen. Denken Sie an „Social-Media-Beiträge", „Werbetafeln" oder „Podcasts".

Abschnitt III Überblick: Leads gewinnen

**DIE VIER
GRUNDPRINZIPIEN**

	LEUTE DIE SIE KENNEN	LEUTE DIE SIE NICHT KENNEN
1 ZU 1 PRIVAT	WARME KONTAKTE	KALTE KONTAKTE
1 ZU ∞ ÖFFENTLICH	KOSTENLOSE INHALTE POSTEN	BEZAHLTE ANZEIGEN SCHALTEN

Die Kombination von warmem und kaltem Publikum mit 1-zu-1 und 1-zu-vielen führt uns zu den einzigen vier Möglichkeiten, wie wir jeden über alles informieren können: den vier Grundprinzipien. Ich habe sie unten für Sie zusammengestellt.

- 1-zu-1 an ein warmes Publikum = warme Kontaktaufnahme

- 1-zu-viele an ein warmes Publikum = Posten von Inhalten

- 1-zu-1 an ein kaltes Publikum = Kaltakquise

- 1-zu-viele an ein kaltes Publikum = bezahlte Werbung

Das sind die *einzigen* vier Dinge, die Sie <u>tun</u> können, um andere Menschen auf die Dinge aufmerksam zu machen, die Sie verkaufen. Wenn Sie also nicht so viele Leads bekommen, wie Sie möchten, dann tun Sie die vier wichtigsten Dinge nicht mit genügend Geschick oder nicht in ausreichendem Umfang.

KOSTENLOSES GESCHENK: Bonus-Training – Konzept der vier Grundprinzipien

In einer Live-Schulung habe ich die über 50 Iterationen erklärt, die zu dieser einfachen 2 x 2 Box geführt haben. Ich erkläre, wie Sie die vier Grundprinzipien nutzen können, um so viele Leads wie möglich zu bekommen und Ziele in Ihrem Unternehmen zu erreichen. Wenn Sie es möchten, können Sie es hier kostenlos bekommen: Acquisition.com/training/leads. Sie können auch den QR-Code unten scannen, wenn Sie nicht gerne tippen.

Nr. 1 Warme Kontaktaufnahme

Wie Sie Leute erreichen, die Sie kennen

*„Die Welt gehört denen, die immer weitermachen können,
ohne das Ergebnis ihres Tuns zu sehen."*

Wie warme Kontaktaufnahmen funktionieren

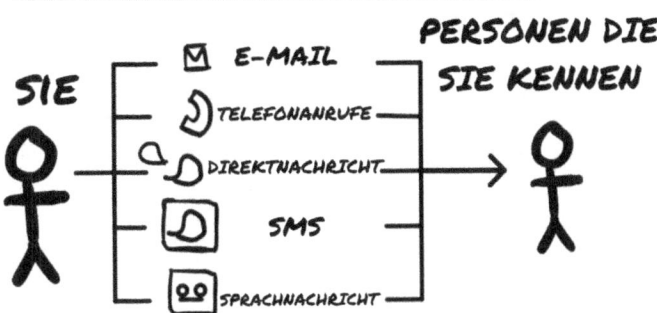

Warme Kontaktaufnahme bedeutet, dass Sie einen persönlichen Kontakt mit Ihrem warmen Publikum herstellen – also mit den Menschen, die Sie kennen. Dies ist der günstigste und einfachste Weg, Menschen zu finden, die sich für die von Ihnen verkauften Produkte interessieren. Außerdem haben Sie ein warmes Publikum, auch wenn Sie es nicht wissen. Jeder kennt jemanden. Daher sind Ihre persönlichen Kontakte der einfachste Ausgangspunkt.

Warme Kontaktaufnahmen erfolgen normalerweise in Form von Anrufen, SMS, E-Mails, Direktnachrichten, Sprachnachrichten usw. Sie informieren die Leute über Ihren Lead-Magneten (etwas Kostenloses und Wertvolles) oder über Ihr Kernangebot (die Hauptsache, die Sie verkaufen).

Wenn Sie mit der warmen Kontaktaufnahme anfangen, erhalten Sie für Ihre Zeit nicht viele engagierte Leads. Sie erledigen alles selbst und gestalten jede Nachricht persönlich. Aber gerade deshalb ist die Methode *zuverlässig*.

Hinweis: Die Kontaktaufnahme mit Ihrem warmen Publikum funktioniert unabhängig davon, ob Sie 100 oder 1.000.000 Kontakte haben. Wenn Ihr Unternehmen wächst, werden Sie Automatisierung und Mitarbeiter einsetzen, um die warme Kontaktaufnahme effizienter zu machen. Die Systeme fangen klein an, mit Ihnen, aber sie skalieren *ganz nach oben*.

Warme Kontaktaufnahme in 10 Schritten

Warme Kontaktaufnahmen sind ein fantastischer Weg, um Ihre „ersten fünf Kunden" *für jedes neue Produkt oder jede neue Dienstleistung zu* gewinnen. Für Fortgeschrittene: Denken Sie an Re-Engagement und neue Produktlinien. So geht's:

Schritt 1: Erstellen Sie sich eine Liste

Schritt 2: Wählen Sie eine Plattform

Schritt 3: Personalisieren Sie Ihre Nachricht

Schritt 4: Nehmen Sie Kontakt auf

Schritt 5: Wärmen Sie ihn wieder auf

Schritt 6: Laden Sie Freunde Ihrer Kontakte ein

Schritt 7: Machen Sie ihnen das einfachste Angebot der Welt

Schritt 8: Beginnen Sie oben

Schritt 9: Fangen Sie an, Geld zu verlangen

Schritt 10: Halten Sie Ihre Liste warm

(Schritt 1) „Aber ich habe keine Leads ..." → Jeder hat eine Liste

Sie kennen andere Menschen. Lassen Sie mich Ihnen das beweisen.

- Greifen Sie zu Ihrem Telefon. Im Speicher befinden sich Kontakte. *Jeder Kontakt hat sich für die Kommunikation mit Ihnen angemeldet.* Diese Personen haben Ihnen die Mittel *und die Erlaubnis* gegeben, sie zu kontaktieren.

- Rufen Sie *alle* E-Mail-Konten auf, die Sie die letzten Jahre benutzt haben. Rufen Sie jeweils Ihre Kontakte und Ihre Adressliste ab. Bingo! Sehen Sie sich nur all diese Leads an.

- Gehen Sie nun zu all Ihren Social-Media Profilen. Sehen Sie sich Ihre Follower an, Ihre Abonnenten, Freunde, Kontakte oder wie auch immer die Jugend heutzutage dies alles nennt ... Heureka – Sie haben mehr Leads!

Übung Nr. 9: Zählen Sie <u>alle</u> Ihre Kontakte aus <u>allen</u> Plattformen zusammen, einschließlich Telefon, E-Mail, soziale Medien und andere Plattformen. Für die meisten werden das Ihre ersten 1000 Leads sein.

Und falls Sie Angst haben, dass Sie mit Leuten reden müssen – entspannen Sie sich. Ihnen wird gefallen, was ich Ihnen als Nächstes zeigen werde.

(Schritt 2) „Aber ich weiß nicht, wo ich anfangen soll ..." → Wählen Sie eine Plattform

Übung Nr. 10: Wählen Sie die Plattform aus Übung Nr. 9, auf der Sie die meisten Kontakte haben.

(Schritt 3) „Aber was sage ich?" → Personalisieren Sie Ihre Begrüßung

Übung Nr. 11: Schreiben Sie etwas Persönliches auf, das Sie über jeden Lead wissen. Entweder aus dem Stegreif oder anhand einer schnellen Online-Recherche. Sie können auch nur mit den ersten 100 Leads anfangen.

Hinweis: Vergessen Sie nicht, dass Sie um nichts gebeten haben. Sie melden sich nur und liefern einen Mehrwert. *Also … .entspannen Sie sich.* Beispiel: *Ich habe gesehen, dass Sie gerade ein Baby bekommen haben! Herzlichen Glückwunsch! Wie geht es dem Baby? Wie geht es Ihnen?*

(Schritt 4) „Was jetzt?" → Kontaktieren. Sie. Einhundert. Leute. Jeden. Tag.

„Um das zu bekommen, was man will, muss man sich verdienen, was man will." - Charlie Munger

Übung Nr. 12: Erreichen Sie 100 Leads pro Tag mit Ihrer personalisierten Nachricht aus Übung Nr. 11. Melden Sie sich 3 Tage lang bis zu 1x pro Tag oder bis sie antworten.

(Schritt 5): „Was sage ich, wenn sie antworten?" → Verhalten Sie sich wie ein Mensch.

Jetzt können wir das Eis brechen, ohne abstoßend zu klingen.

Antworten Sie mit Hilfe des B-K-F Rahmens (engl.: A-C-A: Acknowledge-Compliment-Ask):

- Bestätigen Sie, was sie gesagt haben. Wiederholen Sie es mit Ihren eigenen Worten. Das zeigt aktives Zuhören.

  o *Beispiel: Zwei Kinder. Und Sie sind Buchhalterin …*

- Machen Sie ihnen Komplimente für alles, was sie Ihnen sagen. Verknüpfen Sie es, wenn möglich, mit einem positiven Charakterzug.

  o *Beispiel: …Wow! Supermama! So fleißig! Eine Vollzeitkarriere und zwei Kinder zu managen …*

- Stellen Sie eine weitere <u>Frage</u>. Führen Sie das Gespräch in die gewünschte Richtung. In diesem Fall zu einem Thema, das näher an Ihrem Angebot liegt. Beispiele:

  ○ Therapie/Lebensberatung: … *Haben Sie Zeit für sich selbst?*

  ○ Fitness/Gewichtsreduktion: … *Haben Sie Zeit zum Trainieren?*

  ○ Reinigungsdienste: … *Haben Sie jemanden, der Ihnen hilft, das Haus sauber zu halten?*

Der B-K-F-Rahmen ist großartig, weil er Ihnen hilft, mit jedem zu sprechen. Zufälligerweise ist er *auch* nützlich, um die Leute über Ihre Angebote zu informieren. Das bedeutet, dass Sie mehr über die Person erfahren *und* das Gespräch auf Ihr Angebot lenken können.

Profi-Tipp: Per E-Mail liegen Sie vorn

Ihre E-Mail enthält einen personalisierten Aufmacher, um zu zeigen, dass Sie sich tatsächlich die Zeit genommen haben, auf irgendeine Weise nach jemandem zu recherchieren. Überlegen Sie sich 2-3 Sätze. Anschließend kommen Sie direkt zu Ihrem Angebot oder Lead-Magneten, über den wir als Nächstes sprechen. Mit E-Mail oder Voicemails erledigt man sozusagen „alles auf einmal".

(Schritt 6) „Wie weiß ich, ob jemand Interesse hat?" → Machen Sie ihm ein Angebot.

Führen Sie ein „normales" Gespräch. Denken Sie an 3-4 Sätze am Telefon oder per SMS und 3-4 Minuten im persönlichen Gespräch Dann machen Sie ein Angebot, um zu sehen, ob Interesse vorhanden ist.

Wenn ich ein von Grund auf neues Angebot mache, beziehe ich mich auf die Wertgleichung. Wenn Sie sich fragen: „Was ist die Wertgleichung?" – es war das Kernkonzept meines ersten Buches „*100 Millionen Dollar Angebote*". Wert, wie ich ihn definiere, besteht aus vier Elementen:

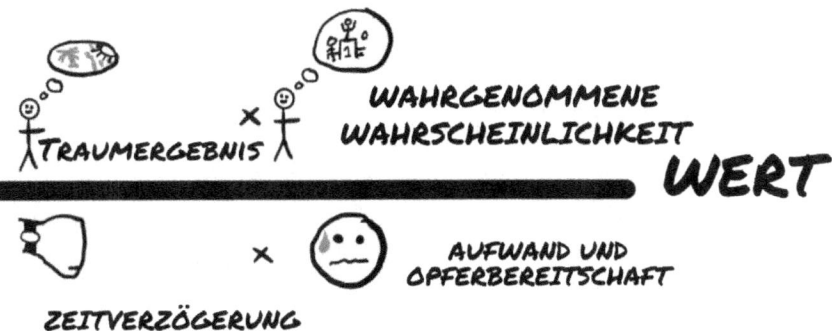

1) <u>Traumergebnis</u>: Was die Person erreichen möchte, wie sie es erreichen möchte.

   - Geben Sie die bestmöglichen Ergebnisse an, die Ihr Produkt erzielen kann. Ein großer Pluspunkt wäre, wenn diese Ergebnisse von Leuten wie Ihrem Gesprächspartner stammen.

2) <u>Wahrgenommene Erfolgswahrscheinlichkeit</u>: Für wie wahrscheinlich es die Person hält, dass sie ihr Ziel erreichen wird.

   - Fügen Sie Ergebnisse, Rezensionen, Auszeichnungen, Empfehlungen Zertifizierungen und andere Formen der *Validierung durch Dritte* hinzu. Garantien sind ebenfalls bedeutend.

3) <u>Zeitverzögerung</u>: Wie lange es ihrer Meinung nach im Anschluss an den Kauf dauern wird, bis die Person Ergebnisse erhält.

   - Beschreiben Sie, wie schnell Menschen *anfangen*, Ergebnisse zu erzielen, wie oft sie gleich zu Beginn erste Ergebnisse erzielen und wie lange es dauert, bis die bestmöglichen Ergebnisse erzielt werden.

4) <u>Anstrengung und Aufopferung</u>: Die schlechten Dinge, die die Person ertragen muss, und die guten Dinge, die sie in ihrem Kampf um das Ergebnis aufgeben muss.

   - Zeigen Sie ihnen die guten Dinge, die sie weiterhin tun oder machen werden, und trotzdem Ergebnisse erzielen. Und zeigen Sie ihnen die schlechten Dinge, die sie loswerden oder vermeiden können, und trotzdem Ergebnisse erzielen.

Das Ziel besteht darin, die ersten beiden Elemente zu maximieren und die beiden zweiten zu minimieren. Jetzt müssen Sie nur noch der Person zeigen:

- Dass Sie genau das anbieten, was sie will

- Dass sie es garantiert erreichen wird

- Dass es wahnsinnig schnell geht

- Dass sie keinen Finger rühren oder auf etwas verzichten muss, was sie liebt.

Also lassen Sie uns genau das mit einem realen Angebot tun:

... Übrigens, kennen Sie jemanden, der in (Zeitverzögerung) (seine Probleme beschreiben) auf ein (Traumergebnis) hofft? Ich übernehme kostenlos fünf Fallstudien, denn das ist alles, was ich bewältigen kann. Ich möchte nur ein paar Erfahrungsberichte für meine Dienstleistung/ mein Produkt erhalten. Ich helfe ihnen (Traumergebnis) ohne (Anstrengung und Opferbereitschaft). Es klappt. Ich garantiere den Leuten sogar, dass sie (Traumergebnis) bekommen, oder

ich arbeite mit ihnen, bis sie es erreichen. Ich hatte hier gerade ein Mädchen namens XXX, das mit mir zusammengearbeitet hat (Traumergebnis), *obwohl sie* (beschreiben Sie den gleichen Kampf, den Ihr Kontakt hat). *Ich hatte auch einen anderen Mann, der* (Traumergebnis) *und es war sein erstes Mal. Ich hätte gerne mehr Erfahrungsberichte, um zu zeigen, dass es in verschiedenen Szenarien funktioniert. Fällt Ihnen irgendjemand ein, den Sie mögen?* (Pause, wenn Sie am Telefon sprechen) ... *und wenn der Kontakt nein sagt ... Haha, na ja ... fällt Ihnen irgendjemand ein, den Sie hassen?* (Haha) Das hilft, jegliche Unbeholfenheit zu überwinden.

Hinweis: *Wir bitten die Gesprächspartner nicht darum, etwas zu kaufen. Wir fragen nur, ob sie jemanden kennen.* Da Sie sie nicht zum Kauf aufgefordert haben, wirken Sie nicht aufdringlich. Und von den Leuten, die ja sagen, sagen die meisten, dass *sie* interessiert sind. Einige Leute werden Interesse an Ihren Angeboten zeigen. Einige werden Sie an diejenigen verweisen, die interessiert sein könnten. Einige werden beides tun. Bei allen drei Ergebnissen gewinnen Sie. Und Sie gewinnen, *ohne irgendjemandem etwas aufzudrängen.*

Wertbotschaft: *Ich helfe* (dem idealen Kunden), (Traumergebnis) *in* (Zeitraum) *zu erreichen, ohne* (Aufwand und Opfer) *und* (mit Erhöhung der wahrgenommenen Erfolgswahrscheinlichkeit - siehe Profi-Tipp unten).

Hinweis: Diese eignen sich gut für E-Mails, Textnachrichten, Direktnachrichten, Anrufe und persönliche Gespräche. Füllen Sie einfach die Lücken aus.

Übung Nr. 13: Erstellen Sie Ihre Wertebotschaft. *Ich helfe:*

(idealer Kunde) _____

zu erhalten (Traumergebnis) _____

in (Zeitspanne) _____

ohne (Aufwand und Opfer) _____

und (Erhöhung der wahrgenommenen Erfolgswahrscheinlichkeit) _____

Profi-Tipp: 11 Wege zur Erhöhung der wahrgenommenen Erfolgswahrscheinlichkeit

Hier erkläre ich, wie Sie die wahrgenommene Erfolgswahrscheinlichkeit erhöhen, damit mehr Menschen Ihr Angebot annehmen. Fügen Sie eines oder mehrere der folgenden Elemente dazu:

1. Den Beweis erbringen, dass wir getan haben, was sie wollten (unsere eigene Geschichte).

2. Beweise zeigen, dass Menschen, die *genau wie sie* sind, das bekommen haben, was sie wollen (denken Sie an Erfahrungsberichte).

3. Die schiere Menge an positiven Bewertungen, die wir erhalten haben (z. B. viele 5-Sterne-Rezensionen).

    a. Wenn Sie noch keine Bewertungen haben, funktioniert auch die Angabe der Anzahl der Menschen, denen Sie geholfen haben.

4. Zertifizierungen/Diplome/Akkreditierungen durch Dritte, die belegen, dass wir seriös sind.

5. Zahlen, Statistiken, Forschungsergebnisse, die das Ergebnis, das Sie glauben machen möchten, unterstützen.

6. Experten, die für uns bürgen.

7. Ein neues/einzigartiges Merkmal (unseres Produkts), mit dem sie (potenzielle Kunden) noch nie gescheitert sind (sodass es diesmal klappen könnte).

8. Prominente, die uns empfohlen haben („Sie haben ihnen vertraut, also sollte ich das auch tun").

9. Wir garantieren, dass sie es erreichen (also bringen wir auch etwas Risiko ins Spiel).

10. Wie gut Sie sie oder die von ihnen empfundenen Schmerzen beschreiben. Je konkreter, desto besser („Er/sie versteht mich wirklich, die scheinen zu wissen, wie man helfen kann").

11. Wenn möglich, demonstrieren Sie das Ergebnis live. Oder aber zeigen Sie eine Aufzeichnung davon.

   a. Beispiel: Eine Werbeagentur spielt eine Aufzeichnung eines Anrufs ab, den ein Fitnessstudiobesitzer mit einem Interessenten in einem Verkaufsgespräch führt. „Könnten Sie damit umgehen, ein solches Telefonat mit einem Interessenten zu führen, wenn wir ihn für Sie besorgen?" Es zeigt das Ergebnis der Werbedienstleitungen: Die Leute wollen keine Interessenten („Leads"), sondern Kunden. Sie wissen nur nicht, wie man sie besser ansprechen kann.

(Schritt 7) „Wie bringe ich sie dazu, ja zu sagen?" → Machen Sie es ihnen leicht, Ja zu sagen. Bieten Sie es kostenlos an.

Meine Empfehlung: Wenn Sie ein neues Produkt oder eine neue Dienstleistung auf den Markt bringen, bieten Sie die ersten fünf kostenlos an. Die genaue Zahl ist weniger wichtig als sich darüber klar zu sein, warum Sie davon profitieren. Hier ist der Grund:

1) Sie binden die Mitarbeiter mit ein und gewöhnen sich daran, den Leuten Angebote zu machen. Es wird Ihre Nerven beruhigen, wenn Sie wissen, dass Sie nur kostenlos helfen … fürs erste (Zwinker-Smiley).

2) Sie vergeigen es möglicherweise (im Moment). Die Leute sind weitaus nachsichtiger, wenn Sie nichts berechnet haben.

3) Weil Sie es möglicherweise vergeigen, müssen Sie lernen, wie Sie es weniger vergeigen. Sie vergeigen weniger, indem Sie mehr tun. Es ist besser, mehrere Versuche zu haben, um die Probleme zu lösen. Sie werden eine Menge von den Menschen lernen, denen Sie kostenlos helfen, das verspreche ich. Auch, wenn es sich jetzt vielleicht noch nicht so

anfühlt, bekommen Sie das bessere Ende des Deals.

4) Wenn Menschen einen Mehrwert erhalten, insbesondere wenn er kostenlos ist, ist die Wahrscheinlichkeit weitaus höher, dass sie:

    a) Positive Bewertungen und Empfehlungen hinterlassen.

    b) Ihnen Feedback geben.

    c) Ihre Freunde und Familie zu Ihnen schicken.

Und als ob das nicht schon fantastisch genug wäre, können Ihnen kostenlose Kunden auf drei weitere Arten Geld einbringen:

1) Sie werden zu zahlenden Kunden.

2) Sie schicken Ihnen zahlende Kunden, indem sie Sie weiterempfehlen.

3) Ihre Bewertungen bringen Ihnen zahlende Kunden.

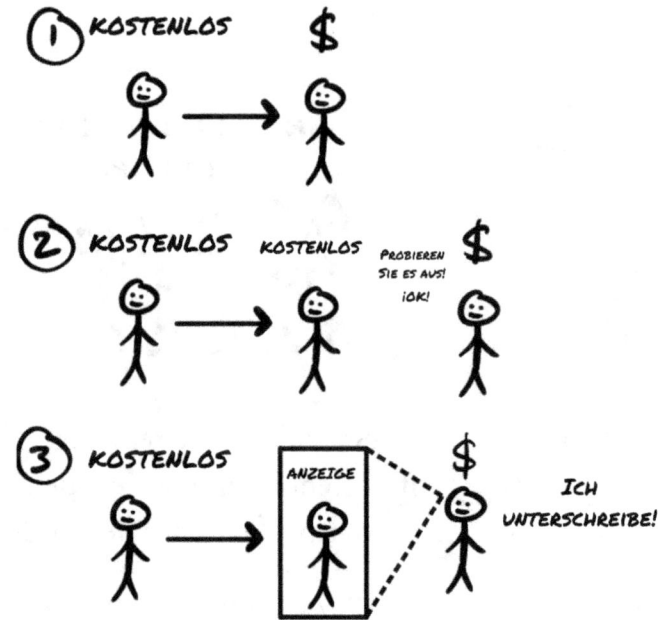

Egal was passiert:

Sie gewinnen.

Hier ist, was ich sage:

Da ich nur fünf Leute aufnehme, kann ich Ihnen die ganze Aufmerksamkeit schenken, die Sie brauchen, um Ergebnisse zum Angeben zu erzielen. Und ich gebe Ihnen alles umsonst, solange Sie Folgendes versprechen: 1) Verwenden Sie es, 2) geben Sie mir Feedback und 3) hinterlassen Sie eine tolle Bewertung, wenn Sie der Meinung sind, dass es eine verdient. Klingt das fair?

> **Profi-Tipp: Wenden Sie die „Angel-Methode" auf Empfehlungen an**
>
> Wenn Sie um eine Empfehlung bitten, lassen Sie sich dreifach vorstellen. Meine favorisierte Art, das persönlich zu tun, ist, sich das Telefon des Kunden zu schnappen, ein Foto von uns beiden zu machen und dieses Bild dann per SMS an den Empfehlungsgeber <u>und</u> die eigene Nummer zu schicken. Wenn ich virtuell bin, mache ich einen Screenshot eines Videoanrufs und mache dasselbe. Wenn Sie das nicht können, dann führen Sie zumindest ein Dreiergespräch, das *der Kunde* initiiert.

Was ist, wenn sie nein sagen?

Der teuerste Teil dessen, was Sie verkaufen, ist oft nicht der Preis, sondern es sind die versteckten Kosten. **Die versteckten Kosten** sind die Zeit, Aufwand und Opfer, die erforderlich sind, um mit dem, was Sie verkaufen, Ergebnisse zu erzielen. Mit anderen Worten: <u>der untere Teil der Wertgleichung</u>. Wenn es Ihnen schwerfällt, Ihre Sachen kostenlos zu verschenken, bedeutet das entweder, dass die Leute es nicht wollen (Traumergebnis), dass sie Ihnen nicht glauben (wahrgenommene Erfolgswahrscheinlichkeit) *oder* dass die versteckten Kosten (Zeit, Aufwand und Opfer) zu hoch sind. Kurz gesagt, Ihre „kostenlosen" Sachen sind *zu teuer*. Finden Sie also die versteckten Kosten heraus. Sobald Sie dies tun, setzen Sie noch mehr Wert frei - den Sie letztendlich in Rechnung stellen können.

(Schritt 8) „Was tue ich, wenn ich alle erreicht habe?" → Beginnen Sie wieder ganz oben.

Nachdem Sie alle Leads auf einer Plattform erreicht haben, wechseln Sie zu der Plattform, auf der Sie die zweitmeisten Leads haben. Nachdem Sie diese Leads erreicht haben,
gehen Sie zu der Plattform, auf der Sie die drittmeisten Leads haben, und so weiter.

(Schritt 9) „Aber ich kann nicht ewig umsonst arbeiten ..." → Fangen Sie an, Geld zu verlangen.

Das ist wichtig. Dies ist Ihr Lackmustest, um herauszufinden, wann Sie „gut genug"
sind, um Geld zu verlangen. *Sobald die Leute anfangen, Sie zu empfehlen, sollten Sie Geld verlangen.* Wenn das passiert, ersetzen Sie „… kostenlos …" im obigen Skript durch „80 % Rabatt für die nächsten fünf". Dann „60 % Rabatt für die nächsten fünf", dann „40 % Rabatt
für die nächsten fünf" und so weiter. Erhöhen Sie den Wert ruhig alle fünf um 20 %, bis Sie
Ihren optimalen Wert gefunden haben.

**Profi-Tipp: Erhalten Sie mehr Geld im Voraus und mehr Ja-Stimmen
→ Vorauszahlung + Garantie**

Das Anbieten einer Garantie bringt mehr Menschen zum Kauf, weil sie das
Risiko umkehrt. Hier ist eine nette Variante einer Garantie, die Ihnen mehr Ja-
Stimmen *und* mehr Geld einbringt.

Eine Garantie können Sie nur Personen geben, die im Voraus bezahlen. Der
Grund dafür: *Wer im Voraus investiert, ist engagierter. Dadurch können wir den
Erfolg garantieren. Wenn Sie also unsere Garantie wünschen, bezahlen Sie unseren
Service im Voraus.*

Eine andere Formulierung, die ich von meinem guten Freund Dr. Kashey bekommen habe: Nachdem die Person dem Kauf zugestimmt hat, sagen Sie: *„Möchten Sie heute lieber weniger bezahlen oder Ihr ganzes Geld zurückbekommen?"* Heute weniger zahlen = Zahlungsplan, also weniger Anzahlung. Erhalten Sie Ihr gesamtes Geld zurück = zahlen Sie im Voraus und erhalten Sie die Garantie, dass Sie das gewünschte Ergebnis erhalten.

Beispiel: „Weniger zahlen" = 2.000 $/Monat für 3 Monate = 6.000 $ (keine Garantie)

Oder

„Bekommen Sie Ihr ganzes Geld zurück" = 6.000 $ im Voraus *mit* einer Garantie

So dargestellt, wählt die Mehrheit der Menschen die Barzahlungsoption mit Garantie. Wenn Sie also sowieso vorhaben, eine anzubieten, können Sie es genauso gut zu einer Waffe machen, um mehr Leute dazu zu bewegen, im Voraus zu zahlen.

(Schritt 10) „Aber was mache ich ab jetzt?" → Halten Sie Ihre Liste warm.

Werten Sie Ihre Liste regelmäßig über E-Mail, soziale Medien usw. auf, um sie warm zu halten. Eine warme Liste bleibt für Ihre zukünftigen warmen Kontaktaufnahmen vorbereitet. Wie dieser Wert genau angegeben wird, erfahren Sie im nächsten Kapitel. Wenn Sie eine Zeit lang Wert gegeben haben oder sehen, wer Wert haben möchte, prüfen Sie Ihre Liste mit Dean Jacksons zeitloser „9-Wörter-E-Mail"-Vorlage:

Suchen Sie immer noch nach [4-Wort-Wunsch]?

Und *diese Antworten sollten Ihre oberste Priorität für warme Kontaktaufnahmen sein.*

Wenn Sie immer wieder Wert liefern, wird Sie Ihr Publikum ewig füttern.

Übung Nr. 14: Schreiben Sie Ihre einzeilige Botschaft.

Suchen Sie immer noch nach _____

_____ ?

Checkliste Werbung - Zusammenfassung

Schauen wir uns das in zehn Zeilen an, denn es hat ein paar Seiten gedauert, um hierher zu kommen.

Tägliche Checkliste für warme Kontaktaufnahmen	
Wer:	Sie selbst
Was:	Die ersten fünf frei
Wo:	Telefon/E-Mail/Briefkontakt/SMS/etc.
An wen?	Ihre Kontakte
Wann:	Die ersten vier Stunden Ihres Tages
Warum?	Sie möchten Kunden oder Vorstellungen bekommen
Wie?	Personalisierte Nachricht nach dem BKF-Rahmen
Wie viel?	100 Versuche pro Tag
Wie viele?	Nach dem ersten Mal noch zwei weitere Male
Wie lange?	Solange bis Sie Kunden gewinnen

Benchmarks: Wie gut mache ich mich?

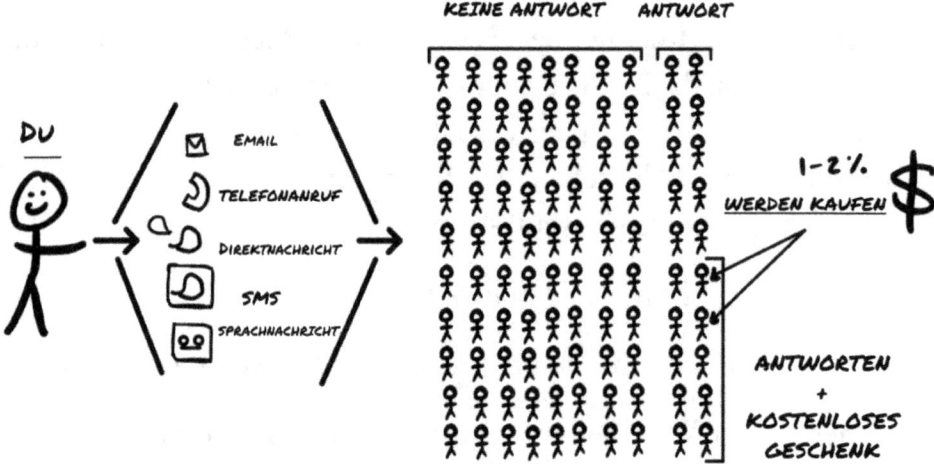

Warme Kontaktanfragen sollten dazu führen, dass etwa einer von fünf Kontakten antwortet. Auf hundert warme Kontaktanfragen sollten also etwa zwanzig Antworten kommen. Von den zwanzig, die antworten, nimmt ein weiteres Fünftel Ihr kostenloses Angebot an. Also vier Leute. Von den vier Leuten, die Ihr kostenloses Angebot jetzt annehmen, sollten Sie *eines* später in ein bezahltes Angebot umwandeln können.

Allein mit diesem Prozess können Sie 100.000 $+ pro Jahr erreichen. Hier ist die Geldrechnung:

Wir gehen davon aus, dass 1 % Ihrer Liste ein 400-$-Angebot kauft, wenn Sie *nur* warme Kontaktaufnahmen nutzen. 500 Kontaktaufnahmen pro Woche = 5 Kunden pro Woche

400-$-Produkt → 5 Kunden pro Woche x 400 $ pro Kunde = 2.000 $/Woche

2.000 $/Woche x 52 Wochen = 104.000 $ ... Bingo.

Das ist immer noch das Zweifache des mittleren Haushaltseinkommens in den USA, wenn wir diesen Artikel schreiben. Nicht schlecht.

Profi-Tipp: Treten Sie Communities bei

Um noch schneller zu lernen, schließen Sie sich Communities von Menschen an, die die gleichen Werbemethoden wie Sie anwenden. Sie eignen sich hervorragend für Unterstützung durch Freunde und aktuelle Tricks und Tipps. Machen Sie jedoch nichts Dubioses. Es gibt viele Menschen, die stolz darauf sind, die rechtlichen Grenzen zu überschreiten. Seien Sie nicht so ein Mensch. Es kommt immer irgendwie auf Sie zurück. Wenn Sie es richtig machen, werden Sie ein Leben lang davon leben können.

Was kommt als Nächstes?

Warme Kontaktaufnahmen haben zwei Beschränkungen: Zeit und Anzahl der Personen, die Sie kennen.

Als Nächstes *fügen* wir also die zweite der vier wichtigsten Werbemaßnahmen *hinzu*: das Posten von kostenlosen Inhalten.

KOSTENLOSES GESCHENK: Bonus-Training - Warme Kontaktaufnahme

Wenn Ihnen das gefällt, gehe ich tiefer in eine kompromisslose Aufschlüsselung der vielen verschiedenen Strategien ein, die Sie im Rahmen von warmen Kontakten nutzen können, um Ihren ersten oder millionsten Kunden zu gewinnen. Wenn das cool klingt, dann besuchen Sie Acquisition.com/training/leads. Und falls Sie noch einen Grund brauchen: Es ist kostenlos. Ich hoffe, Sie nutzen es, um so viele Leads zu bekommen, wie Sie brauchen. Sie können auch den QR-Code scannen, wenn Sie nicht gerne tippen.

Nr. 2 Posten von kostenlosen Inhalten - Teil I

Wie man eine Zielgruppe aufbaut, um engagierte Leads zu bekommen

Niemand hat sich jemals darüber beschwert, dass er zu viel Wert bekommt.

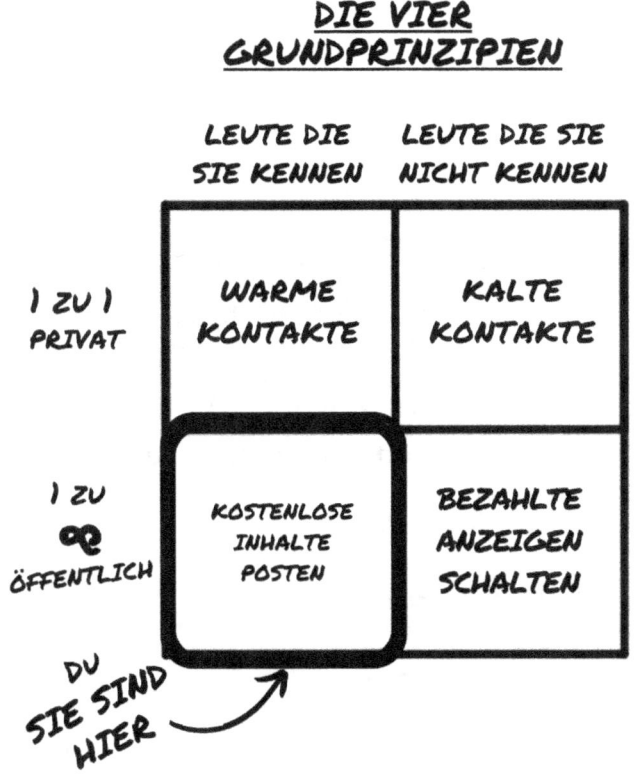

Wie der Aufbau einer Zielgruppe/eines Publikums funktioniert – Posten Sie großartige kostenlose Inhalte

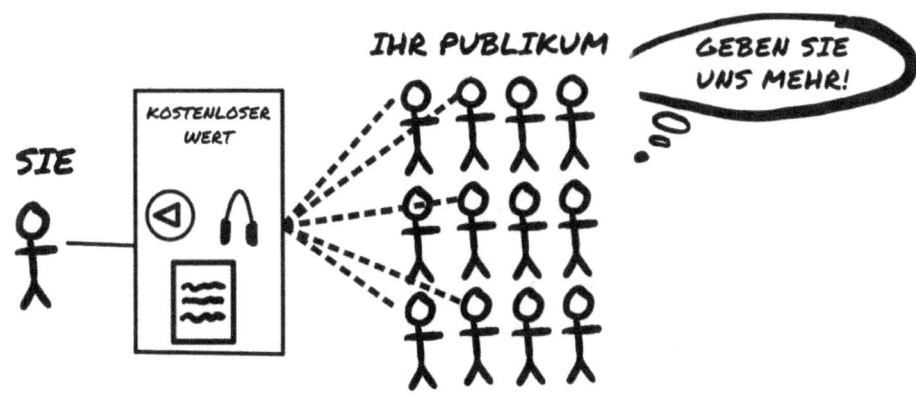

Das Posten kostenloser Inhalte kann für die Zeit, die Sie investieren, viel mehr engagierte Leads gewinnen. Die Menschen, die den Inhalt für wertvoll halten, werden Teil Ihres warmen Publikums. Wenn sie denken, dass andere Menschen den Inhalt wertvoll finden, teilen sie ihn. Und wenn die Menschen, mit denen sie den Inhalt teilen, ihn mögen, werden auch sie Teil Ihrer warmen Zielgruppe.

Was das Posten von Inhalten schwierig macht. Erstens ist es schwieriger, Ihre Nachricht zu personalisieren. Es antworten also weniger Leute. Zweitens konkurrieren Sie mit allen anderen, die kostenlose Inhalte veröffentlichen. Das macht es schwieriger, aufzufallen. Drittens: Wenn Sie auffallen, werden die Leute Sie kopieren. Das bedeutet, dass Sie ständig innovativ sein müssen.

Was es wert ist. Ein größeres Publikum bedeutet mehr engagierte Leads.

Was in diesem Kapitel steht. Zuerst entmystifizieren wir die Inhalte, die das Publikum ansprechen, indem wir zeigen, dass sie alle aus den gleichen Grundeinheiten bestehen. Eine Inhaltseinheit besteht aus drei Komponenten – Aufmerksamkeit erregen, an sich binden und belohnen. Zweitens zeigen wir, wie man durch die Verknüpfung der Grundbausteine publikumswirksame Inhalte für jede Plattform und jeden Medientyp erstellen kann.

Die Inhaltseinheit - drei Komponenten

Alle Inhalte, die das Publikum vergrößern, bewirken eines: Sie belohnen die Menschen, die sie konsumieren. Und eine Person kann nur dann durch den Inhalt belohnt werden, wenn sie:

1) einen Grund hat, ihn zu konsumieren und

2) ihm lange genug Aufmerksamkeit schenkt, um

3) diesen Grund zu befriedigen.

Glücklicherweise können wir diese drei Ergebnisse in die drei Dinge umwandeln, die wir *tun* müssen, um Inhalte zu erstellen, die das Publikum vergrößern. Das bedeutet, dass wir:

a) Aufmerksamkeit **erregen**: Menschen dazu bringen, auf Ihre Inhalte aufmerksam zu werden

b) Aufmerksamkeit **an sich binden**: Menschen dazu bringen, Ihre Inhalte zu konsumieren

c) Aufmerksamkeit **belohnen**: den Grund befriedigen, aus dem Menschen überhaupt konsumiert haben

Die kleinste Menge an Material, die nötig ist, um Aufmerksamkeit zu erregen, an sich zu binden und zu belohnen, ist eine **Inhaltseinheit**. Sie kann so klein sein wie ein Bild, ein Meme oder ein Satz. Das heißt, Sie können *gleichzeitig* Aufmerksamkeit erregen, an sich binden und belohnen.

1) Aufmerksamkeit erregen: Sie können nicht belohnt werden, wenn wir nicht zuerst ihre Aufmerksamkeit erregen.

Das Ziel: Wir geben den Leuten einen Grund, ihre Aufmerksamkeit von dem, was sie gerade tun, auf uns zu lenken. Wenn uns das gelingt, haben wir sie am Haken. Die Wirksamkeit dessen wird anhand des Prozentsatzes der Personen gemessen, die beginnen, Ihre Inhalte zu konsumieren. Wenn Sie es also gut schaffen, die Aufmerksamkeit auf sich zu ziehen, werden *viele* Menschen einen Grund haben, Ihre Inhalte zu konsumieren. Wenn Sie einen schlechten Job machen, werden *nur wenige* Menschen einen Grund haben, Ihre Inhalte zu konsumieren.

Komponenten des Elements „Aufmerksamkeit erregen". Wir erhöhen den Prozentsatz der Leute, die sich für unsere Inhalte entscheiden, indem wir *Themen* auswählen, die sie interessant finden, *Schlagzeilen*, die ihnen einen Grund liefern, und das *Format* anderer Inhalte, die sie mögen.

Themen. Themen sind die Dinge, über die Sie Ihre Inhalte erstellen. Ich bevorzuge es, persönliche Erfahrungen zu nutzen. Ich unterteile Themen in fünf Kategorien: Ferne Vergangenheit, Jüngste Vergangenheit, Gegenwart, Im Trend und Erzeugt.

a) <u>Ferne Vergangenheit</u>: Die wichtigen *vergangenen* Lektionen Ihres Lebens. Verbinden Sie diese Weisheit mit Ihrem Produkt oder Ihrer Dienstleistung, um Ihrem Publikum einen enormen Mehrwert zu bieten. Geben Sie ihnen die Geschichte ohne die Narbe.

b) <u>Jüngste Vergangenheit</u>: Machen Sie etwas und sprechen Sie dann darüber, was Sie gemacht haben (oder was passiert ist). Schauen Sie sich Ihren Kalender der letzten Woche an. Schauen Sie sich alle Ihre Meetings an. Schauen Sie sich alle Ihre sozialen

Interaktionen an. Schauen Sie sich alle Gespräche mit warmen Kontakten an. *In diesen Gesprächen steckt Gold.* Machen Sie Geschichten aus ihnen, die Ihrem Publikum nützen können.

i) Das bedeutet, Notizen, Aufnahmen und andere Aufzeichnungen zu machen, um den Zugriff auf diese Dinge zu erleichtern. Es bedeutet aber auch, einen kostenlosen, einfachen und wertvollen Vorrat an Inhalten zu haben.

ii) Erfahrungsberichte und Fallstudien gehören in diese Kategorie. Wenn Sie eine coole Kundengeschichte *auf eine Art und Weise* erzählen können, *die Ihrem Publikum einen Mehrwert bietet,* werden Sie sowohl Ihre Dienstleistungen bewerben als auch einen Mehrwert bieten.

c) <u>Gegenwart</u>: Schreiben Sie Ideen *genau dann* auf*, wenn sie Ihnen einfallen.* Sorgen Sie immer für eine Möglichkeit, Ihre Ideen festzuhalten. Ich unterbreche sogar Meetings, um Ideen zu notieren, zu simsen oder per E-Mail an mich selbst zu schicken.

d) <u>Im Trend</u>: Über Trend-Themen zu sprechen, ist sehr effektiv, um die Aufmerksamkeit eines breiteren Publikums zu gewinnen. Wenn Sie einen relevanten Kommentar haben oder ein Thema Ihr Fachwissen berührt, sprechen Sie darüber.

e) <u>Erzeugt</u>: Setzen Sie Ihre Ideen in die Realität um. Wählen Sie ein Thema, das Menschen interessant finden. Dann lernen Sie etwas darüber, erschaffen Sie etwas davon oder machen Sie etwas damit. Und dann zeigen Sie es der Welt. Das kostet die meiste Zeit und Mühe, da Sie die Erfahrung machen müssen, anstatt über eine Erfahrung zu sprechen, die Sie bereits gemacht haben. Aber es kann die größten Gewinne bringen.

i) Beispiel für eine erzeugte Erfahrung: *Ich habe einen Monat lang von 100 US-Dollar gelebt. So geht's.*

ii) **Erzeugt vs. Dokumentieren.** Die Herstellung von Inhalten trägt am meisten dazu bei, das Publikum zu vergrößern, weil erfahrene Inhaltsersteller den maximalen Gewinn für jede Inhaltseinheit erzielen können. Aber es kostet mehr als das Dokumentieren. Machen Sie also erst einmal das, was Sie können.

Übung Nr. 15: Schauen Sie auf Ihren Kalender. Schreiben Sie die interessanten Geschichten auf, die Ihnen in den letzten zwei Wochen passiert sind. Dinge, die Sie gelernt haben, bei denen Sie gescheitert sind oder die Ihnen gelungen sind.

Coole Geschichte: _____

Coole Lektion: _____

Scheitern: _____

Große Erleuchtung: _____

_____

Schlagzeilen. Eine Schlagzeile ist ein kurzer Satz, der die Aufmerksamkeit des Publikums erregen soll. Sie gibt den Grund an, warum Menschen den Inhalt konsumieren sollten. Anhand der Schlagzeile wägen sie ab, ob sie für den Konsum Ihres Inhalts, im Vergleich zu anderen Inhalten, eine Belohnung erhalten.

Sieben Dinge, die Schlagzeilen interessanter machen.

a) Aktualität - So aktuell wie möglich, im wahrsten Sinne des Wortes die „Neuigkeiten". Jetzt im Vergleich zu vor einem Jahr.

b) Relevanz - Persönlich bedeutsam. Betrifft jemanden oder nicht.

c) Berühmtheit - Einschließlich prominenter Personen (Celebrities, Koryphäen usw.). Betrifft einen Prominenten oder eine normale Person.

d) Nähe - In der Nähe des Wohnortes - geografisch gesehen. Nebenan oder am anderen Ende der Welt.

e) Konflikt - Von gegensätzlichen Ideen, gegensätzlichen Menschen, der Natur etc. Beispiel: Politik.

f) <u>Ungewöhnlich</u> - Seltsam, einzigartig, selten, bizarr. Mann mit sechs Fingern gegen Mann mit fünf Fingern.

g) <u>Fortlaufend</u> - Geschichten, die noch in Arbeit sind, sind dynamisch, entwickeln sich weiter und haben Wendungen in der Handlung.

Übung Nr. 16: Schreiben Sie für jede der Geschichten aus Übung Nr. 15 eine Schlagzeile/Überschrift und verwenden Sie dabei 2-3 der oben genannten Schlagzeilenelemente.

Coole Geschichte: _____

Coole Lektion: _____

Scheitern: _____

Große Erleuchtung: _____

_____

Format. Wir müssen unser Format an die besten Inhalte auf der jeweiligen Plattform anpassen. <u>Beispiel für ein Format:</u>

In diesem Meme ist die gleiche Person (ich) auf vier verschiedenen Plattformen zu sehen - jeweils an das Format der Plattform angepasst.

Übung Nr. 17: Schauen Sie sich die erfolgreichsten Inhalte auf vier Plattformen an. Formatieren Sie einen Inhalt für vier verschiedene Plattformen, entsprechend den besten Stilen auf jeder Plattform.

2) Aufmerksamkeit an sich binden

Mein wichtigstes Bindungsinstrument ist die *Neugierde*. Meine drei Lieblingsmethoden, um Neugier zu wecken, sind: Listen, Schritte und Geschichten.

a) <u>Listen</u>: Listen sind Dinge, Fakten, Tipps, Meinungen, Ideen usw., die entsprechend einem bestimmten Thema nacheinander präsentiert werden. Wenn Sie die Anzahl der aufgelisteten Dinge in der Überschrift oder in den ersten paar Sekunden Ihres Inhalts angeben, wissen die Leute, was sie erwartet.

b) <u>Schritte</u>: Schritte sind Aktionen, die *in einer bestimmten Reihenfolge* ablaufen und ein Ziel erreichen, wenn sie abgeschlossen sind. Vorausgesetzt die ersten Schritte waren klar und wertvoll, möchte die Person wissen, wie sie alle ausführen kann, um das Gesamtziel zu erreichen.

Hier ist der Unterschied zwischen Schritten und Listen. Schritte sind *Aktionen*, die in einer *bestimmten Reihenfolge* ausgeführt werden müssen, um ein Ergebnis zu erzielen. Listen können nahezu alles in beliebiger Reihenfolge enthalten.

c) <u>Geschichten</u>: Geschichten beschreiben Ereignisse, ob real oder imaginär. Und Geschichten, die es wert sind, erzählt zu werden, enthalten für den Zuhörer oft eine Lektion oder eine Erkenntnis. Sie können Geschichten über Dinge erzählen, *die passiert sind*, *passieren könnten* oder *nie passieren werden*. Alle drei machen neugierig, denn die Menschen wollen wissen, was als nächstes passiert.

Sie können Listen, Schritte und Geschichten (Storys) einzeln verwenden oder miteinander verknüpfen. Sie können beispielsweise Listen innerhalb von Schritten und eine Geschichte zu jedem Listenelement erstellen.

Übung Nr. 18: Wählen Sie eine der Geschichten aus Übung Nr. 15. Beschreiben Sie die wichtigsten Punkte in der Geschichte oder die Lektionen, die Sie aus ihr gelernt haben. Sie können für jede Lektion eine kleine Geschichte hinzufügen.

3) Aufmerksamkeit belohnen

<u>Wie gut Ihr Inhalt ist, hängt davon ab, wie oft er Ihr Publikum in der Zeit, die es zum Konsumieren benötigt,</u> belohnt. Denken Sie an *den Wert pro Sekunde*. Es gibt also kein „zu lang", sondern nur *„zu langweilig"*.

Wir können die Chance auf eine Belohnung erhöhen, indem wir:

- *Die richtige* Zielgruppe mit den richtigen Themen, Schlagzeilen und Formatierungen ansprechen

- Sie mit Listen, Schritten und Geschichten an uns binden, ihre Neugier wecken und ihnen Lust auf mehr machen

- Ganz klar den Grund erfüllen, warum der Inhalt sie von Anfang an fasziniert hat.

Beispiel: Wenn Sie mit dem Versprechen „7 Wege, sich mit seinem Ehepartner zu versöhnen" die Aufmerksamkeit des Publikums erregen möchten und Sie dann Folgendes tun:

(A) vier Möglichkeiten nennen oder (B) sieben Möglichkeiten nennen, die nicht funktionieren (oder allesamt schon bekannt sind) oder (C) zu einem Raum voller alleinstehender Männer sprechen, die keine Ehepartner haben, dann *haben Sie es nicht geschafft, eine gute Belohnung zu liefern.* Die Leute werden sich den Inhalt nicht noch einmal ansehen und schon gar nicht teilen.

Fazit: Möchten Sie Ihr Publikum belohnen, müssen Sie *seine Erwartungen erfüllen oder übertreffen, wenn es sich entscheidet, Ihre Inhalte zu konsumieren.* So erkennen Sie, ob es Ihnen gelungen ist: *Ihr Publikum wächst.* Wächst es nicht, sind Ihre Inhalte nicht so gut. Üben Sie und Sie werden besser.

Übung Nr. 19: Verwenden Sie dieselbe Geschichte wie in Übung Nr. 18. Überprüfen Sie noch einmal, ob Sie das Versprechen Ihrer Schlagzeile erfüllt haben. Schreiben Sie auf, was die Leute jetzt als Ergebnis des Inhalts <u>tun</u> können.

Was ist also der Unterschied zwischen kurzen und langen Inhalten? Antwort: nicht viel.

Wie Sie sich erinnern, ist die kleinste Menge an Material, die nötig ist, um Aufmerksamkeit zu erregen, an sich zu binden und zu belohnen, eine **Inhaltseinheit**. Um also einen längeren Inhalt zu erstellen, verknüpfen wir einfach Inhaltseinheiten miteinander.

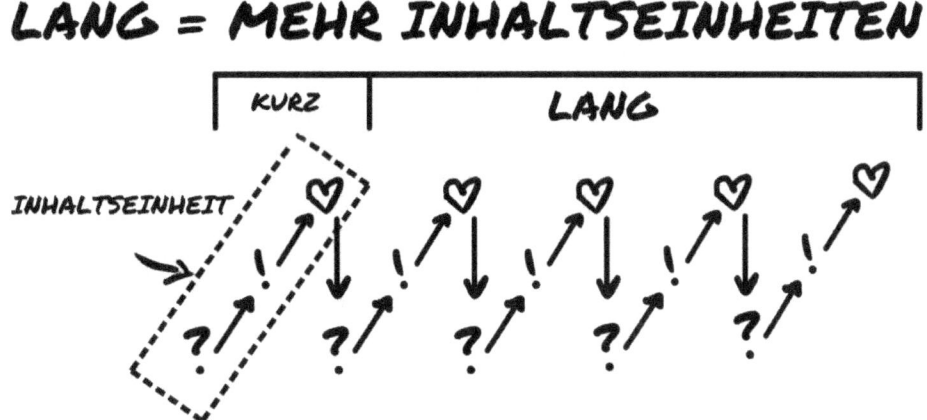

Fangen Sie klein an und bauen Sie dann von dort aus auf. Auch wenn Sie mit längeren Inhalten loslegen, was in Ordnung ist, empfehle ich, mit kürzeren Versionen zu beginnen. Es wird Ihnen leichter fallen.

Profi-Tipp: Erstellen Sie alle Ihre Inhalte für Fremde:

Das ist wichtig. Wenn Sie Ihr warmes Publikum *vergrößern* möchten, dann müssen Sie bei der Inhaltserstellung davon ausgehen, dass die Menschen, die diese Inhalte konsumieren, noch nie von Ihnen gehört haben. Wenn Sie Ihre Inhalte für Fremde erstellen, werden sie Fremden gefallen, weil ... *Sie diese für sie gemacht haben.* Und sie werden sie teilen. Und Ihr Publikum wird so viel schneller wachsen. Machen Sie sich keine Sorgen, dass Sie sich wiederholen. Ihr Publikum wird die Gedächtnisstützen zu schätzen wissen.

Sobald Sie verstanden haben, wie man eine Inhaltseinheit erstellt, ist *mehr* zu tun alles, was Sie tun müssen. Dann wird Ihr Publikum wachsen. Und sobald Ihr Publikum groß genug ist, möchten Sie es möglicherweise monetarisieren. Und das ist der nächste Schritt.

Nr. 2 Posten von kostenlosen Inhalten Teil II

Monetarisieren Sie Ihr Publikum

„Geben-geben-geben, geben-geben-geben, bis sie danach fragen"

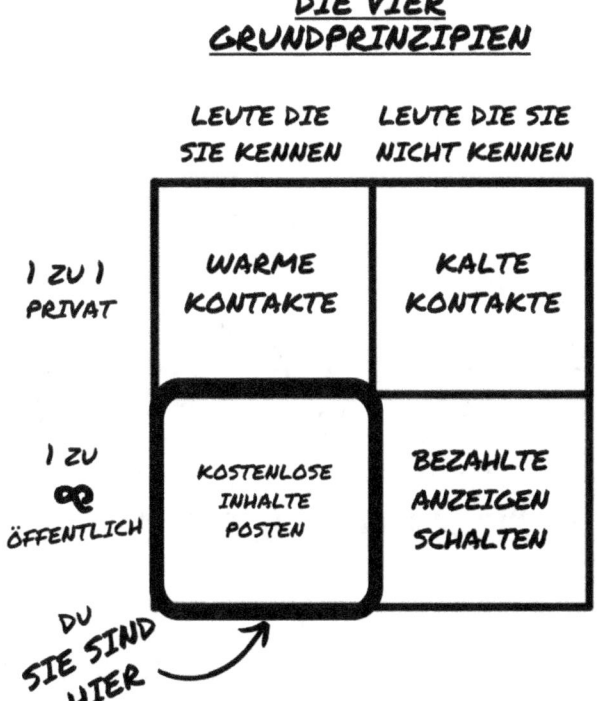

In diesem Kapitel geht es darum, Ihnen zu zeigen, wie Sie Ihr warmes Publikum monetarisieren können.

Zuerst sprechen wir darüber, wie wir Angebote machen können, ohne ein Spam-Monster zu sein – und wie wir das Verhältnis zwischen Geben und Fordern meistern.

Anschließend sprechen wir über die beiden Angebotsstrategien zur Monetarisierung des Publikums.

Danach werde ich erklären, wie Sie Ihren Ertrag skalieren können, damit Sie schneller ein größeres Publikum gewinnen und noch mehr Geld verdienen können.

Dann werde ich eine Reihe von Lektionen teilen, die ich beim Aufbau meines eigenen Publikums gelernt habe und von denen ich wünschte, ich hätte sie früher gewusst.

Zum Schluss erkläre ich Ihnen, wie Sie *noch heute* aktiv werden können.

Das Verhältnis zwischen Geben und Fordern meistern

Geben Sie mehr, als Sie verlangen. Das richtige Verhältnis ist untersucht worden. Sie müssen *mindestens 3,5 bis 4 x mehr geben als Sie verlangen.* So bleibt das Publikum erhalten. Wenn Sie schneller wachsen wollen, geben Sie weit mehr als das Vierfache auf jede Bitte/ Aufforderung (denken Sie an 10 x-20 x mehr). Wenn Sie Ihr Publikum verkleinern wollen, verlangen Sie mehr, als Sie geben.

Und jetzt, wo ich etwas Erfahrung damit habe, habe ich die traditionelle Geben-Fordern-Strategie ein wenig abgewandelt und sie auf Steroide gesetzt: *Geben Sie, bis die Leute danach fragen.*

Es ist ganz einfach. Wenn Sie genug geben, *fangen die Leute an, Sie danach zu fragen.* Sie werden auf Ihre Website gehen, Ihnen eine Direktnachricht schicken, Ihnen eine E-Mail senden usw., um mehr zu erfahren. Wenn Sie diese Strategie anwenden, *geben Sie in der Öffentlichkeit und verlangen im Privaten.* Und das Beste daran: Wenn Sie auf diese Weise werben, *verlangsamt sich Ihr Wachstum nicht.* Sie lassen Ihr Publikum selbst entscheiden, wann es bereit ist, Ihnen Geld zu geben.

Fazit: Der Moment, in dem Sie anfangen, Geld zu verlangen, ist der Moment, in dem Sie sich entscheiden, Ihr Wachstum zu verlangsamen. Je geduldiger Sie also sind, desto mehr werden Sie bekommen, wenn Sie schließlich Ihre Forderung stellen.

Aktionsschritt: Geben geben geben geben geben geben, *bis die Leute danach fragen.*

Wie Sie mit Inhalten Geld verdienen: Fordern Sie

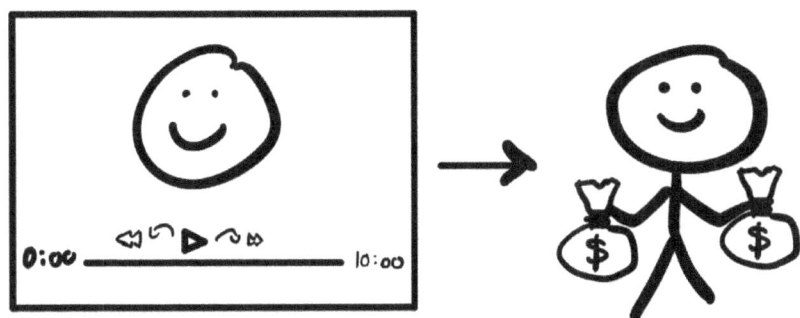

Manchmal muss man fordern. Stellen Sie sich „Fordern" als Werbespots vor. Sie *unterbrechen dieses Programm mit einer sehr wichtigen Nachricht.* Da Sie derjenige sind, der den Wert liefert, unterbrechen Sie Ihre eigenen Inhalte mit Werbespots über die von Ihnen verkauften Produkte. Sie zahlen die Kosten für einen potenziellen Vertrauensverlust, ein verlangsamtes Wachstum und natürlich die Zeit, die Sie brauchten, um das Publikum überhaupt zu gewinnen. Und im Gegenzug bekommen Sie Geld. Ich verwende zwei Strategien, um Werbeaktionen in Inhalte einzubinden: integrierte Angebote und intermittierende Angebote. Lassen Sie uns beides behandeln.

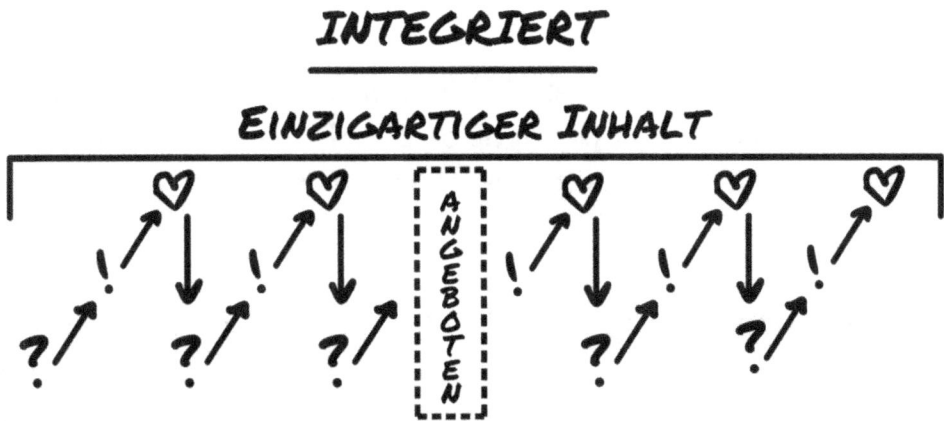

Integriert: Sie können in jedem Inhalt werben, solange Sie Ihr Geben-Fordern-Verhältnis hoch halten. Sie werden Ihr warmes Publikum weiter vergrößern und engagierte Leads gewinnen. Win-win. Wenn ich zum Beispiel einen einstündigen Podcast mache, bedeutet das, dass ich drei 30-Sekunden-Anzeigen habe, 58,5 Minuten Geben und bis zu 1,5 Minuten Fordern. Das ist deutlich über dem Verhältnis 3:1.

Am häufigsten integriere ich die „Forderungen" – auch CTAs genannt – nach einem wertvollen Moment oder dem Ende des Inhalts. Erwägen Sie, zunächst einen dieser Orte auszuprobieren – und stellen Sie sicher, dass Ihr Publikumswachstum nicht nachlässt. Dann fügen Sie den zweiten hinzu und so weiter.

INTERMITTIEREND

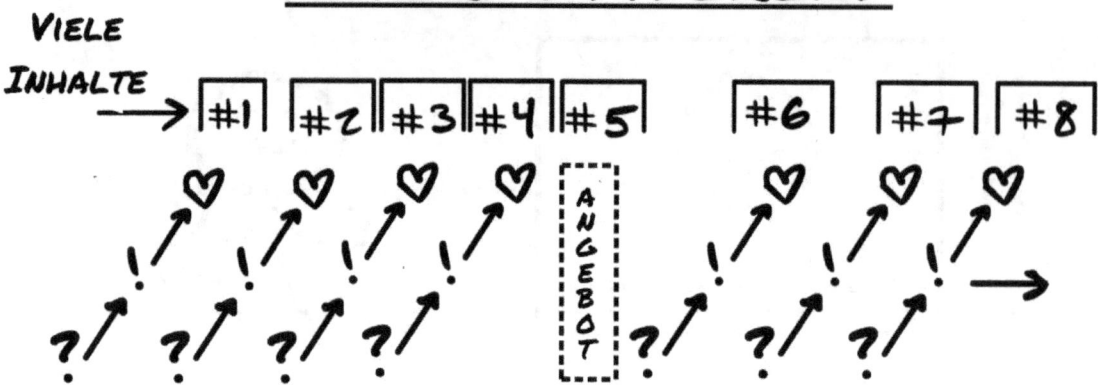

Intermittierend: Die zweite Möglichkeit, Geld zu verdienen, sind intermittierende Forderungen. So funktioniert das. Sie erstellen viele Inhalte aus reinen „Geben"-Teilen und erstellen dann gelegentlich einen „Fordern"-Teil. Beispiel: Sie erstellen 10 „Geben"-Beiträge und im 11. bewerben Sie Ihre Inhalte.

Der Unterschied zwischen dem ersten und dem zweiten Weg hängt von der Plattform ab. Auf kurzen Plattformen wird der intermittierende Weg dominieren. Auf langen Plattformen sind Integrationen oft die beste Wahl.

Übung Nr. 20: Fügen Sie den CTA aus Übung Nr. 7 aus dem Lead-Magneten oder Ihrem Hauptangebot ein. Fügen Sie einen Satz vor dem CTA ein, der den CTA mit diesem Inhalt verbindet, damit er flüssig ist.

Anmerkung des Autors: Wenn Sie mehr Hilfe bei der Angebotserstellung brauchen, habe ich ein ganzes Buch darüber geschrieben: *100 Millionen Dollar Angebote*. Es gibt dazu auch ein Arbeitsbuch und eine Zusammenfassung. Sie können es sich überall dort ansehen, wo Sie Bücher kaufen oder lesen.

Wie Sie es skalieren

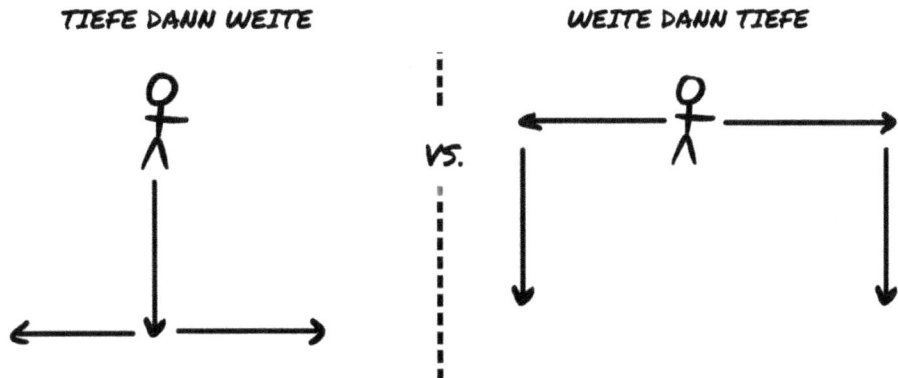

Es gibt zwei gegensätzliche Strategien, um Ihr warmes Publikum zu vergrößern. Beide folgen progressiven Schritten. Erstens gibt es den Tiefe-dann-Breite-Ansatz. Dann haben Sie den Breite-dann-Tiefe-Ansatz. Beide sind richtig. So funktionieren sie:

Tiefe-dann-Breite: Maximieren Sie eine Plattform und wechseln Sie dann zur nächsten Plattform.

Schritt 1: Posten Sie Inhalte auf einer relevanten Plattform.

Schritt 2: Posten Sie regelmäßig Inhalte auf dieser Plattform.

Schritt 3: Maximieren Sie die Qualität und Quantität der Inhalte auf dieser Platt-form. Kurz gesagt, Sie könnten bis zu zehn Mal pro Tag und Plattform die Inhalte aktualisieren. Lange Rede, kurzer Sinn: Aktualisieren Sie fünf Tage pro Woche (siehe Seifenopern).

Schritt 4: Fügen Sie eine weitere Plattform hinzu und behalten Sie die Qualität und Quantität der ersten Plattform bei.

Schritt 5: Wiederholen Sie die Schritte 1-4, bis Sie alle relevanten Plattformen maximiert haben.

Vorteile: Sobald Sie eine Plattform gefunden haben, maximieren Sie Ihre Rendite aus diesem Aufwand. Das Publikum wächst umso schneller, je mehr Sie tun. Sie machen sich diese Aufzinsung zunutze. Damit dies funktioniert, sind weniger Ressourcen erforderlich.

Nachteile: Sie gewinnen weniger schnell neue Plattformen und neue Zielgruppen. Sie erreichen nicht das Gefühl der „Allgegenwart". Am Anfang riskieren Sie, dass Ihr Unternehmen auf einen einzigen Kanal angewiesen ist. Dies stellt ein Risiko dar, da sich die Plattformen ständig ändern und Sie manchmal ohne Grund sperren. Wenn Sie nur eine Möglichkeit haben, Kunden zu gewinnen, kann die Schließung Ihres Kanals zum Untergang Ihres Geschäfts führen.

Breite-dann-Tiefe: Gehen Sie früh auf jede Plattform und maximieren Sie sie dann alle gemeinsam.

Schritt 1: Posten Sie Inhalte auf einer relevanten Plattform.

Schritt 2: Posten Sie regelmäßig Inhalte auf dieser Plattform.

Schritt 3: *Hier unterscheidet sich diese Strategie von der vorherigen.* Anstatt Ihre erste Plattform zu maximieren, gehen Sie zur nächsten relevanten Plattform über, während sie die vorherige beibehalten.

Schritt 4: Fahren Sie fort, bis Sie auf allen relevanten Plattformen sind.

Schritt 5: Maximieren Sie jetzt Ihre Inhaltserstellung auf allen Plattformen gleichzeitig.

Vorteile: Sie erreichen schneller ein breiteres Publikum. Und Sie können Ihre Inhalte „umfunktionieren". Mit ein wenig zusätzlicher Arbeit können Sie also jede Menge Effizienz erzielen. Mit minimalen Änderungen am Format können Sie denselben Inhalt für mehrere Plattformen anpassen. Beispielsweise erfordert die Formatierung eines einzelnen kurzen Videos auf allen Plattformen, auf denen kurze Videoinhalte verbreitet werden, kaum zusätzlichen Aufwand.

Nachteile: Es kostet mehr Arbeit, Aufmerksamkeit und Zeit, dies gut zu machen. Oftmals haben die Leute letztendlich überall nur schlechte Inhalte.

Übung Nr. 21: Wählen Sie einen Ansatz. Beginnen Sie mit dem Posten. Gehen Sie dann mit der Zeit die Skalierungsstufen hoch.

7 Lektionen, die ich beim Erstellen von Inhalten gelernt habe

1) **Wechseln Sie von „Wie man" zu „Wie ich". Von „Das ist der beste Weg" zu „Das sind meine Lieblingswege" usw.** (vor allem am Anfang). Sprechen Sie darüber, was Sie getan haben, und nicht darüber, was andere tun sollten. Was Sie mögen - und nicht, was das Beste ist.

2) **Wir müssen mehr daran erinnert werden, als dass wir belehrt werden:** Wiederholen Sie sich immer wieder. Sie selbst werden von Ihren Inhalten gelangweilt sein, bevor Ihr Publikum sie überhaupt erst sieht.

3) **Schränken Sie den Fokus Ihres Inhalts ein.** Sprechen Sie nur über das, was Sie wissen und worin Sie Erfahrung haben. Wenn Sie Bildungsinhalte über Themen er-

stellen, in denen Sie kein Experte sind, werden Sie schlecht aussehen. Unterrichten Sie nur, was Sie wissen. Verstellen Sie sich nicht.

4) **Inhalte schaffen Tools** für Verkäufer. Erstellen Sie eine Masterliste Ihrer „größten Hits". Beschriften Sie jeden „Hit" mit dem allgemeinen Anliegen, das er für Ihre potenziellen Kunden löst. Dann kann Ihr Vertriebsteam diese vor oder nach Verkaufsgesprächen versenden und den Kunden bei der Kaufentscheidung helfen.

5) **Kostenlose Inhalte binden zahlende Kunden**. Jemand, der Ihre Produkte kauft, wird *mit größerer Wahrscheinlichkeit* auch Ihre kostenlosen Inhalte konsumieren. Wenn Ihre kostenlosen Inhalte wertvoll sind, werden Ihre zahlenden Kunden Sie mehr mögen und Ihrem Unternehmen länger treu bleiben. Ein kostenloser Wert stärkt ihren *wahrgenommenen* ROI aus Ihrer bezahlten Sache.

6) **Menschen haben keine kürzere Aufmerksamkeitsspanne, sie haben höhere Ansprüche.** Ich wiederhole: Es *gibt kein zu lang, nur zu langweilig.*

7) **Vermeiden Sie es, Beiträge im Voraus zu planen**. Die Beiträge, die ich manuell veröffentliche, funktionieren besser als die, die ich im Voraus geplant habe. Ich bin der festen Überzeugung, dass man den „Absenden"-Knopf drücken sollte, weil das den letzten Druck ausübt, es richtig zu machen. Probieren Sie es aus.

Benchmarks - Wie gut schneide ich ab?

Wenn unser Publikum wächst, haben wir es gut gemacht. Aber wenn unser Publikum schnell wächst, *haben wir es besser gemacht.* Deshalb messe ich gerne monatlich die Größe meines Publikums und die Geschwindigkeit meines Wachstums.

Folgendes messe ich:

1) Follower und Reichweite insgesamt - *Wie groß?* Tracken Sie das absolute Wachstum von Followern und Reichweite.

2) Rate der Follower-Gewinnung und Reichweite - *Wie schnell?* Tracken Sie die Wachstumsrate.

Alex Hormozi ✔
@AlexHormozi

Es ist erstaunlich was man erreichen kann, wenn man nicht aufhört, sobald man einmal angefangen hat.

Ihr erster Post

Sie bieten anderen Menschen wahrscheinlich schon seit einiger Zeit wissentlich oder unwissentlich einen Mehrwert. Beim ersten Post, den Sie verfassen, *können Sie also eine Forderung stellen.* Ich hoffe, dass Sie dadurch Ihren ersten engagierten Lead erhalten. Dieser hier war mein erster Post.

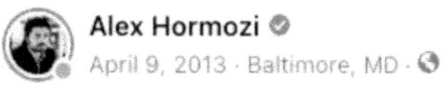

Alex Hormozi ✓
April 9, 2013 · Baltimore, MD · 🌐

Hallo an alle:
Wer mich kennt, weiß zwei Dinge:

1) Ich bin schrecklich in allen technischen Dingen. Ich habe zum Beispiel erst vor ein paar Wochen von Spotyfy gehört, ernsthaft.

2) Ich liebe Training/Ernährung und „Fitness" mehr als, nun ja, eine ganze Menge.

Der heutige Tag ist also etwas Besonderes, denn es kennzeichnet einen Tag, an dem meine Liebe zum Training meine Angst vor Technologie besiegt hat.

Was meine ich damit?

Seit fast einem Jahr nehme ich an einem kostenlosen persönlichen Trainings-Projekt teil, mit der Idee, dass ich jedem, der bereit ist, einen Teil seiner 500 bis 1000 US-Dollar für einen Zweck seiner Wahl zu spenden, ein kostenloses persönliches Training schenke. So gesehen muss niemand von denselben Dingen motiviert sein wie ich, sondern von seiner eigenen Überzeugung und davon, für sich selbst einen Vorteil erzielen zu wollen. Als ich die Idee zum ersten Mal vorstellte, war ich freudig überrascht, wie viel positive Unterstützung ich erhielt.

Fast ein Jahr nach meinem ersten Kunden HABE ICH JETZT EINE WEBSEITE!! um einige der Transformationen, die durch die Verwendung meines Programmes stattgefunden haben, offiziell zu zeigen und als formelle Möglichkeit, mich bezüglich einer Anmeldung zu kontaktieren.

ICH HABE DERZEIT EIN PAAR PLÄTZE AUF MEINER LISTE VERFÜGBAR, ALSO HINTERLASSEN SIE MIR SCHNELL EINE NACHRICHT, WENN SIE INTERESSE HABEN! VIELEN DANK!

Nehmen Sie sich eine Sekunde Zeit, um einige der unglaublichen Veränderungen in Rekordzeit zu sehen. SEHEN SIE ES SICH AN.

Es ist definitiv nicht perfekt. Aber erledigt ist besser als nichts. Fangen Sie an.

Übung Nr. 22: Erstellen Sie Ihren ersten Post.

Tägliche Checkliste für das Posten von Inhalten	
Wer:	Sie selbst
Was:	Wert: Geben, geben, geben, bis die Leute danach fragen
Wo:	Jede Medienplattform
An wen?	Menschen, die Ihnen schon folgen
Wann:	Jeden Morgen, 7 Tage in der Woche
Warum?	Wohlwollen aufbauen. Engagierte Leads gewinnen.
Wie?	Geschriebenes, Bilder, Videos, Audioinhalte
Wie viel?	100 Minuten am Tag
Wie viele?	So oft wie die Plattform es anzeigt
Wie lange?	So lange wie es dauert

Der nächste Schritt

Zunächst beginnen wir mit einer warmen Kontaktaufnahme. Wir wenden uns an jede Person, zu deren Kontakt wir berechtigt sind. Zweitens posten wir öffentlich über die Erfolge und Lehren, die wir aus unseren ersten Kunden ziehen. Wir veröffentlichen Erfahrungsberichte. Wir bieten Mehrwert. Dann verlangen wir gelegentlich etwas. Wir verpflichten uns, beide Aktivitäten jeden Tag durchzuführen.

Allein mit diesen beiden Methoden lässt sich am Ende ein Unternehmen im sechs- oder siebenstelligen Bereich aufbauen. Aber vielleicht möchten Sie schneller voranschreiten. Wir wagen uns also von einem warmen Publikum, das uns kennt, zu einem kalten Publikum, das uns nicht kennt. Wir fangen an, *auf Fremde zuzugehen*. Damit beginnt der dritte Schritt auf unserer Werbereise: die Kaltakquise.

KOSTENLOSES GESCHENK: Was ich vom Posten von Inhalten gelernt habe

Ich musste viel Material kürzen, um dieses Buch handhabbar zu machen. Wenn Sie wissen möchten, wie Sie schnell und einfach Inhalte erstellen können, die beim Publikum Vertrauen aufbauen, besuchen Sie Acquisition.com/training/leads. Und falls Sie noch einen weiteren Grund brauchen, außer dass es Ihnen Geld bringt ... Es kostet Sie nichts. Es ist kostenlos. Viel Spaß! Und wie immer können Sie auch den QR-Code scannen, wenn Sie nicht gern tippen.

Kostenloses Wohlwollen

„Wer sagt, dass man mit Geld kein Glück kaufen kann,
hat nicht genug verschenkt." - Unbekannt

Menschen, die ohne Erwartungen geben, leben länger, glücklicher *und* verdienen mehr Geld.

Wenn wir also während unserer gemeinsamen Zeit eine Chance haben, werde ich es auf jeden Fall versuchen.

Dazu habe ich eine Frage an Sie.

Würden Sie jemandem helfen, den Sie noch nie getroffen haben, wenn es Sie nichts kosten würde, Sie aber keine Anerkennung dafür bekommen würden?

Wer ist diese Person, fragen Sie sich? Sie ist wie Sie. Oder zumindest so, wie Sie früher waren. Sie hat wenig Erfahrung, will etwas bewirken und braucht Hilfe, weiß aber nicht, wo sie danach suchen soll.

Die Mission von Acquisition.com ist es, *Unternehmen* für alle zugänglich zu machen. Alles, was wir tun, basiert auf dieser Mission. Und die einzige Möglichkeit für uns, diese Mission zu erfüllen, besteht darin, nun ja, ... *jeden* zu erreichen.

Hier kommen Sie ins Spiel. Die meisten Menschen beurteilen ein Buch tatsächlich nach seinem Einband (und seinen Rezensionen). Hier ist meine Frage im Namen eines Unternehmers in Schwierigkeiten, den Sie noch nie getroffen haben:

Bitte helfen Sie diesem Unternehmer, indem Sie eine Rezension zu diesem Buch hinterlassen.

Ihr Geschenk kostet kein Geld und dauert weniger als 60 Sekunden, aber es kann das Leben eines anderen Unternehmers *für immer* verändern. Ihre Bewertung könnte dazu beitragen, dass ...

... ein weiteres kleines Unternehmen seine Community versorgen kann.

... ein weiterer Unternehmer seine Familie unterstützen kann.

... ein weiterer Mitarbeiter eine sinnvolle Arbeit bekommt.

... ein weiterer Kunde sein Leben verändern kann.

... ein weiterer Traum wahr wird.

Um dieses „Wohlfühlgefühl" zu bekommen und dieser Person wirklich zu helfen, müssen Sie nur ... und es dauert weniger als 60 Sekunden ... eine Bewertung hinterlassen.

<u>Wenn Sie auf audible sind</u> - klicken Sie auf die drei Punkte oben rechts auf Ihrem Gerät, klicken Sie auf „Bewerten und rezensieren" und hinterlassen Sie dann ein paar Sätze über das Buch mit einer Sternebewertung.

<u>Wenn Sie auf einem Kindle oder einem E-Reader lesen</u> - scrollen Sie zum Ende des Buches und wischen Sie dann nach oben. Daraufhin wird eine Rezension für Sie angezeigt.

<u>Wenn sich diese Vorgehensweisen aus irgendeinem Grund geändert haben,</u> können Sie zu Amazon gehen (oder wo auch immer Sie das Buch gekauft haben) und eine Rezension direkt auf der Buchseite hinterlassen.

Wenn Sie ein gutes Gefühl dabei haben, einem gesichtslosen Unternehmer zu helfen, sind Sie genau mein Typ. Willkommen bei #mozination. Sie sind einer von uns.

Umso mehr freue ich mich, Ihnen dabei zu helfen, mehr Leads zu gewinnen, als Sie sich vorstellen können. Sie werden die Taktiken lieben, die ich in den kommenden Kapiteln vorstellen werde. Ich danke Ihnen von ganzem Herzen. Nun zurück zu unserem regulären Programm.

- Ihr größter Fan, Alex

PS - Unterhaltsame Tatsache: Wenn Sie einer anderen Person etwas Wertvolles geben, macht Sie das für sie wertvoller. Wenn Sie sich von einem anderen Unternehmer direkt das Wohlwollen wünschen und glauben, dass ihm dieses Buch helfen wird, schicken Sie ihm dieses Buch.

Übung Nr. 23: Wenn Ihnen dieses Arbeitsbuch bisher gefallen hat, hinterlassen Sie bitte eine Bewertung.

Nr. 3 Kaltakquise

So kontaktieren Sie Fremde, um engagierte Leads zu gewinnen

„Quantität hat eine ganz eigene Qualität" - Napoleon Bonaparte

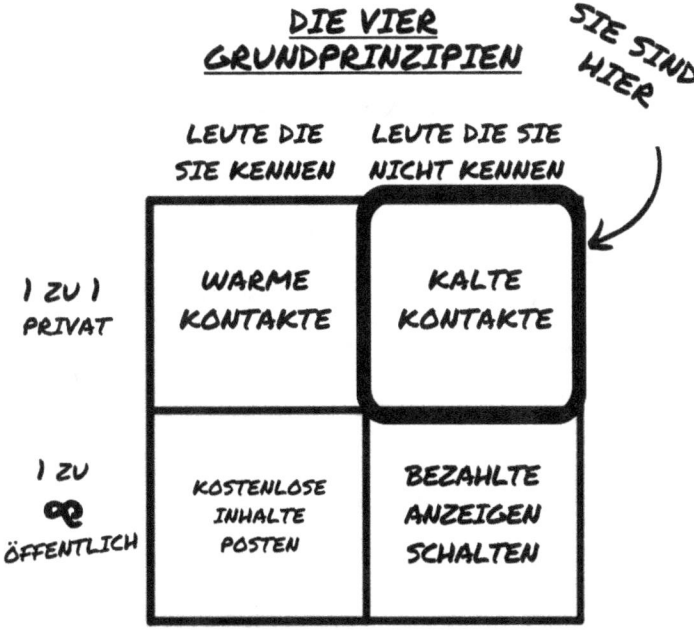

Wie Kaltakquise funktioniert

In diesem Kapitel konzentrieren wir uns auf die private Eins-zu-Eins-Kommunikation mit Kaltakquise. Um den Zusammenhang zu verdeutlichen: Kaltakquise, die kalte Kontaktaufnahme, basiert auf der warmen Kontaktaufnahme. Betrachten Sie sie also als den fortgeschrittenen Cousin der warmen Kontaktaufnahme, der nicht mehr durch Ihr warmes Publikum begrenzt ist.

Kalte Kontaktaufnahme hat einen entscheidenden Unterschied zur warmen Kontaktaufnahme: Vertrauen. Fremde Menschen vertrauen Ihnen nicht.

Und im Vergleich zu Menschen, die uns kennen, stellen uns Fremde vor <u>drei</u> neue Probleme.

1) Erstens haben Sie keine Möglichkeit, Fremde zu kontaktieren. Uh.

2) Zweitens ignorieren diese Sie, selbst wenn Sie Kontakt zu ihnen aufnehmen können.

3) Drittens sind sie nicht interessiert, selbst wenn sie Ihnen ihre Aufmerksamkeit schenken.

Lassen Sie mich beschreiben, wie diese Probleme in der realen Welt aussehen.

<u>Wenn Sie an Türen klopfen</u>, haben Sie die Adressen nicht. Und selbst wenn Sie sie haben, öffnen die Leute die Tür nicht, wenn Sie klopfen. Wenn sie öffnen, sagt man Ihnen, dass Ihre Mühe vergebens war.

<u>Wenn Sie Kaltakquise-E-Mails verschicken</u>, haben Sie die E-Mail-Adressen der Leute nicht. Und selbst wenn Sie sie haben, öffnen sie die E-Mail nicht. Und selbst wenn sie sie öffnen, antworten sie nicht.

<u>Wenn Sie Direktnachrichten versenden</u>, haben Sie keinen Ort, an den Sie sie schicken können. Selbst wenn Sie es tun, lesen die Leute die Nachrichten nicht. Und selbst wenn sie sie lesen, antworten sie nicht.

Nachdem wir das geklärt haben, lautet die Reihenfolge, in der wir diese Probleme lösen:

1) Finden Sie einen Weg der Kontaktaufnahme

2) Finden Sie heraus, was Sie sagen sollten

3) Kontaktieren Sie die Leute so lange, bis sie bereit sind, Ihnen zuzuhören.

<u>Das Ergebnis</u>. Wir finden viele Möglichkeiten, mit den qualifiziertesten Fremden in Kontakt zu treten. Wir erreichen viele von ihnen auf unterschiedliche Weise und unterschiedlich oft. Dann überwältigen wir sie im Vorfeld mit Wert, bis sie genug Interesse zeigen, um weiterzumachen.

Problem Nr. 1: „Aber wie kontaktiere ich sie?" →Erstellen Sie eine Liste

"SCHÖPFEN SIE SIE AB" SOFTWARE

"KAUFEN SIE SIE" BEZAHLTE MAKLER

"SUCHEN SIE NACH IHNEN" MANUELLE SUCHE

SUCHE

DATENBANKEN

Bei der Kaltakquise suchen *wir* uns unsere Ziele selbst aus, anstatt dass sie uns auswählen. Es gibt drei verschiedene Möglichkeiten, wie ich meine Zielgruppenlisten erhalte. Zuerst verwende ich eine Software, um eine Liste mit Namen zu erstellen. Zweitens bezahle ich Makler dafür, dass sie mir eine Liste gezielter Leads zusammenstellen. Und wenn beides nicht funktioniert, erstelle ich selbst manuell eine Namensliste. So geht's.

- o Schritt 1: Software: Ich melde mich bei so vielen Softwareprogrammen wie möglich an, die Leads aus verschiedenen Quellen zusammensuchen. Ich durchsuche sie alle nach meinen Kriterien. Die Software spuckt dann Namen, Berufsbezeichnungen, Kontaktinformationen usw. aus. Ich probiere eine repräsentative Stichprobe aus, z.B. ein paar hundert von jeder Software, die ich benutze. Wenn die Kontaktinformationen auf dem neuesten Stand sind, die Leads ansprechbar sind und dem Typ entsprechen, den die Software für sie angibt - Bingo! Dann bekomme ich so viele Leads, wie die Software mir gibt. Wenn ich aber nicht die richtige Zielgruppe finde, gehe ich zu Schritt zwei über.

- o Schritt 2: Makler: Ich gehe zu mehreren Listenmaklern und bitte sie, mir eine Liste basierend auf meinen Zielgruppenkriterien zu erstellen. Dann schicken sie mir eine Probe. Ich teste Beispiellisten von jedem der Broker. Wenn ich bei einem oder mehreren Maklern gute Ergebnisse erhalte, bleibe ich bei deren Listen. Und wenn ich immer noch nicht finde, wen ich suche, gehe ich zu Schritt drei über.

- o Schritt 3: Körperliche Anstrengung: Ich schließe mich Gruppen und Communities an, von denen ich denke, dass dort mein Publikum zu finden ist. Wenn ich Leute finde, die meinen Qualifikationen entsprechen, überprüfe ich, ob sie im Gruppenverzeichnis die Möglichkeit geben, sie kontaktieren zu können – etwa Links zu ihren Social-Media-Profilen, usw. Wenn dies der Fall ist, füge ich sie meiner Liste hinzu. Wenn nicht, kann ich sie über die Plattform, auf der sich die Gruppe befindet, erreichen. Ich bevorzuge es, Kontaktinformationen außerhalb der Gruppe zu finden, damit ich nicht wie jemand rüberkomme, der nur versucht, die Gruppe für Geschäfte zu nutzen, *aber ich tue selbst das, wenn es sein muss.*

Kurz gesagt, ich arbeite mich von den am besten zugänglichen Leads zu den am wenigsten zugänglichen Leads vor.

Übung Nr. 24: Bauen Sie Ihre Liste auf. Finden Sie Ihr Scraping-Tool, indem Sie nach „outbound leads scraping tool" oder „database lead scraping" suchen. Finden Sie Makler auf die gleiche Weise. Mit wenigen Klicks finden Sie, was Sie suchen. Stellen Sie Ihre ersten 1000 Namen zusammen. Wenn Sie mehr Zeit als Geld haben, sollten Sie vielleicht mit Schritt drei beginnen, da dieser nur Zeit kostet.

Profi-Tipp: Interessengruppen sind das wärmste kalte Publikum, das Sie bekommen können

Interessengruppen enthalten die qualitativ hochwertigsten Leads, da es sich dabei um konzentrierte Gruppen von Personen handelt, die nach einer Lösung suchen. Geben Sie ihnen eine. Heutzutage gibt es Software, die Informationen aus diesen Gruppen extrahieren kann. Benutzen Sie sie. Sie gehören zu meinen Lieblingsangelplätzen.

Problem Nr. 2: „Ich habe meine Liste, aber was sage ich ihnen?" →Personalisieren Sie und bieten Sie dann schnell großen Wert

Da Sie nun Ihre Lead-Liste haben, müssen Sie überlegen, was Sie sagen sollen. Es gibt zwei wichtige Faktoren, die ich betone, um Fremde dazu zu bringen, sich zu engagieren: *Personalisierung* und *ein großer, schneller Wert*.

a) Die Leute kennen uns nicht → Personalisieren Sie (Tun Sie so, als würden Sie sie kennen). Um mehr Leads zum Engagement zu bewegen, möchten wir, dass die Nachricht so *aussieht*, als käme sie von jemandem, den sie kennen. Der beste Weg, dies zu tun, besteht darin, tatsächlich etwas über die Person zu wissen, mit der Sie Kontakt aufnehmen – auch bekannt als *Personalisierung*. Im Wesentlichen möchten wir, dass unsere *kalte* Kontaktaufnahme wie eine *warme* Kontaktaufnahme aussieht.

So geht's. Besorgen Sie sich ein bis drei Informationen über den potenziellen Kunden. Dann wollen wir ihm dazu ein Kompliment machen und ihm idealerweise zeigen, wie wir davon profitiert haben. Menschen mögen Menschen, die sie mögen. Selbst wenn Sie jemand nicht kennt, wird er Ihnen mehr Zeit schenken, wenn Sie etwas über ihn wissen. Das könnte so aussehen ...

... Stellen Sie sich vor, Ihr Telefon klingelt unter einer unbekannten Nummer und Vorwahl. Werden Sie es abheben? Wahrscheinlich nicht. Was ist, wenn die Nummer aus Ihrer Vorwahlregion stammt? Etwas wahrscheinlicher. Warum das so ist? Weil *es jemand sein könnte, den Sie kennen.* Um dieses Konzept weiterzuführen, stellen Sie sich vor, Sie greifen zum Telefon ...

... Die Person sagt „<Ihr Name?>" und macht dann eine Pause (wie eine normale Person). Sie würden sagen: „Ja ... wer ist da?" Wenn diese Person dann weiter sagt: „Hier ist Alex ... dann macht sie eine Pause ... Ich habe mir ein paar Ihrer Videos angesehen und den letzten Blog-Beitrag gelesen, den Sie über Hundetraining geschrieben haben. Das war der Hammer! Hat mir wirklich mit meinem Dobermann geholfen. Er ist ein Biest! Dieser Erdnussbutter-Trick hat wirklich geholfen. Danke dafür."

Sie können jetzt den Rest des Drehbuchs übernehmen, weil Sie sich Zeit verschafft haben.

Übung Nr. 25: Recherchieren Sie jeden Kontakt, bevor Sie sich melden.
Wir können das selbst machen, jemanden dafür bezahlen oder eine Software benutzen. Nehmen Sie diese Arbeit auf. Nutzen Sie dann Ihre Notizen, um herauszufinden, womit Sie als erstes anfangen, um *vertrauter zu wirken.* <u>Hinweis</u>: Wenn Sie mehr Geld zur Verfügung haben, gibt es Technologien zur Personalisierung. Wenn Sie im Internet suchen, finden Sie Datenbanken, die Ihnen auch relevante Informationen liefern, die Sie für das Gespräch mit einem Lead nutzen können.

Profi-Tipp: Steigerung der E-Mail-Antwortrate um 50 %

Ich habe unsere Kaltakquise-Vorlage genommen und sie auf das Leseniveau der dritten Klasse umgeschrieben. Die Ergebnisse: *50 % mehr Leads haben geantwortet.* Ich lasse jetzt alle Skripte und Nachrichten durch eine kostenlose App für das Leseniveau laufen.

---

b) Sie vertrauen uns nicht → Großer, schneller Wert. Fremde brauchen viel mehr Anreize, um auf Sie zuzugehen, als ein warmes Publikum. Machen Sie sich also das Leben leichter, indem Sie „den Hof verschenken". Wir versuchen nicht, ihr Interesse zu wecken, sondern wir versuchen, sie in weniger als dreißig Sekunden umzuhauen.

Sie können direkt Ihr Angebot machen oder einen Lead-Magneten oder beides anbieten. Das gibt der Person einen guten Grund, zu antworten. Wenn Ihr Angebot/Lead-Magnet nicht funktioniert, erhöhen Sie den Einsatz. Bieten Sie immer mehr an, bis das *Angebot so gut ist, dass sie sich dumm fühlen, wenn sie nein sagen.* Entweder kaufen sie bei Ihnen oder sie haben nette Dinge über Sie zu sagen. Eine Win-Win-Situation.

> **Übung Nr. 26: Schreiben Sie klar und deutlich auf, welchen großen, schnellen Wert Sie jedem Lead bieten wollen.**

Problem Nr. 3: „Ich bekomme nicht genügend Möglichkeiten den Leuten von meinen großartigen Sachen zu erzählen, was mache ich?" → Erweitern Sie Ihren Umfang

Sobald wir unsere Liste mit Namen, persönlichen Informationen und unserem großen sexy Lead-Magneten haben, müssen wir mehr Fremde dazu bringen, diesen auch zu sehen. Das tun wir auf drei Arten. Erstens automatisieren wir die Zustellung so weit wie möglich. Als Nächstes automatisieren wir die Verteilung so weit wie möglich. Und schließlich widmen wir uns der Nachverfolgung öfter und auf mehr Wegen.

a) Automatisierte Zustellung. Soweit es uns möglich ist, ermöglicht die Automatisierung der Zustellung ein enormes Volumen, da niemand die Nachricht buchstäblich an den potenziellen Kunden übermitteln muss. Das bedeutet, dass Sie pro Zeiteinheit mehr engagierte Leads erhalten (auch wenn der Gesamtprozentsatz insgesamt geringer ist). Hier sehen Sie, wie der Unterschied zwischen manueller und automatisierter Zustellung aussieht.

Manuelle Beispiele: Eine Person kann jemandem am Telefon live einen Text übermitteln. Sie können jedem Lead eine persönliche Sprachnotiz senden. Eine Person kann jeder Person auf der Liste einen handschriftlichen Brief schreiben. Wenn eine Person jedes Mal Zeit braucht, um die Nachricht zu übermitteln, handelt es sich um manuelle Zustellung.

AUFGEZEICHNET

Automatisierte Beispiele: Wir können eine vorab aufgezeichnete Sprachnotiz an die Direktnachrichten einer Person senden. Wir können eine aufgezeichnete Voicemail an die Voicemail-Box einer anderen Person senden. Wir können vorgefertigte E-Mails an einen Posteingang oder einen vorgefertigten Text an das Telefon einer anderen Person senden. Wir können ein vorab aufgezeichnetes Video senden, usw. Sie zeichnen Ihre Nachricht einmal auf und senden dann dieselbe Nachricht an alle.

b) Automatisierte Verteilung. Sobald wir unsere Nachrichten vorbereitet haben, müssen wir sie verteilen.

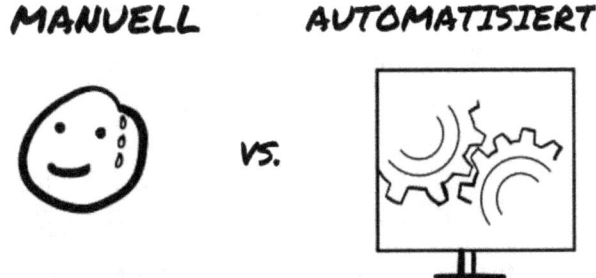

MANUELL   **AUTOMATISIERT**

VS.

Manuelle Beispiele: Wählen Sie jede Telefonnummer. Klicken Sie bei jeder E-Mail, Direktnachricht, Textnachricht usw. auf „Senden".

Automatisierte Beispiele: Setzen Sie einen Roboter ein, der mehrere Nummern gleichzeitig wählt. Versenden Sie 1.000 E-Mails, SMS, Sprachnachrichten auf einmal. Etc.

Im Allgemeinen opfern Sie die Personalisierung zugunsten der Skalierung. Mit personalisierten Nachrichten erzielen Sie eine höhere Antwortrate. *Je weniger Leads Sie haben, desto weniger Automatisierung sollten Sie einsetzen.*

Übung Nr. 27: Suchen Sie nach Tools, mit denen Sie Teile Ihrer Arbeit automatisieren können. Beispiel: Wenn Sie fünf Tage in der Woche telefonieren, probieren Sie an einem der Tage einen neuen Dialer oder eine neue Technologie aus und schauen Sie, wie er/sie sich im Vergleich zu Ihrem Standard-Dialer schlägt.

c) Nachverfolgung. <u>Mehrere Male</u>. <u>Auf mehreren Wegen</u>. Es gibt zwei weitere Möglichkeiten, wie Sie mehr aus Ihrer Namensliste herausholen können.

Erstens: Sie versuchen, die Personen mehr als einmal zu kontaktieren. Zweitens: Sie nutzen mehr als einen Weg, um sie zu kontaktieren. Je mehr Wege Sie nutzen und je öfter Sie versuchen, jemanden zu kontaktieren, desto wahrscheinlicher ist es, dass Sie ihn erreichen. Menschen reagieren auf unterschiedliche Methoden. Ich reagiere zum Beispiel nie auf Telefonanrufe. Aber ich antworte viel öfter auf Direktnachrichten.

Als erstes schreibe ich gerne eine E-Mail. Wissen Sie, warum? Weil die meisten Leute nicht antworten. Wenn jemand auf eine Ihrer Kontaktmethoden nicht antwortet, nehmen Sie das zum Anlass, mit einer anderen Methode nachzuhaken. *„Hallo, ich rufe Sie an, um wegen meiner E-Mail nachzufragen."* Entweder bekommen wir eine Antwort oder einen echten Grund, uns erneut zu melden. Wir gewinnen so oder so.

Und sobald Sie einen Termin vereinbart haben, müssen Sie mit mehr als einem Gespräch rechnen. Denken Sie daran, wir kontaktieren völlig fremde Leute. Akquise erfordert mehr Kontaktpunkte mit Menschen, die Sie nicht kennen. Erwarten Sie also zwei bis drei Gespräche, bevor es zu einem höheren Ticketverkauf kommt. Streben Sie weniger an, aber rechnen Sie mit mehr, wenn Sie noch am Anfang sind.

<u>Fazit</u>: Verhalten sie sich, als würden Sie *tatsächlich* versuchen, diese Leute zu erreichen, anstatt ziellos drauflos zu gehen, und es wird Ihnen wahrscheinlich auch gelingen.

Übung Nr. 28: Kontaktieren Sie jeden Lead mehrmals auf verschiedene Arten.

Danach beginnen Sie wieder ganz oben, sobald Sie mit der Kontaktaufnahme aller Kontakte auf Ihrer Liste fertig sind. Das funktioniert tatsächlich aus drei Gründen. Erstens: Weil die Leute Ihre erste Serie von Nachrichten vielleicht gar nicht gesehen haben. Zweitens: Selbst, wenn sie sie gesehen haben, war es vielleicht kein guter Zeitpunkt, um zu antworten. Drittens: Die Lebensumstände der kontaktierten Personen haben sich vielleicht geändert. Vielleicht haben sie Sie damals nicht gebraucht, aber jetzt brauchen sie Sie dringend. Versuchen Sie es also in drei bis sechs Monaten noch einmal und gewinnen Sie eine völlig neue Gruppe von engagierten Leads *aus derselben Liste.*

Übung Nr. 29: Setzen Sie sich eine Erinnerung in drei bis sechs Monaten. Dann melden Sie sich wieder. Tipp: Wenn Sie neu in einem Akquise-Team sind, beschatten Sie den besten Mann im Team und machen Sie doppelt so viele Kontaktaufnahmen wie er. So werden Sie in der Hälfte der Zeit besser werden.

Drei Probleme, die Fremde mit sich bringen → Gelöst

Ich habe das Buch in dieser Reihenfolge geschrieben, damit es auf sich selbst aufbaut. Beginnen Sie mit warmen Kontaktaufnahmen. Machen Sie ein paar Wiederholungen. Posten Sie einige Inhalte, um Ihr warmes Publikum zu vergrößern. Machen Sie noch mehr Wiederholungen. Dann sind Sie bereit für die Kaltakquise.

Und jetzt haben wir die drei Hauptprobleme gelöst, die ein kaltes Publikum mit sich bringt: die richtige Liste von Personen zu finden, sie dazu zu bringen, Ihnen Aufmerksamkeit zu schenken, und sie zum Engagement zu bewegen. Sieg!

Benchmarks - Wie gut mache ich mich?

Es kommt einfach darauf an, was Sie an Einnahmen haben und wie hoch die Kosten für den Arbeitsaufwand im Gegenzug dafür sind. Um unseren Werbeertrag (Return on Advertising) zu berechnen, addieren wir alle Arbeits- und Softwarekosten, die mit den Schritten eins bis drei im vorletzten Abschnitt verbunden sind.

Nehmen wir an, wir haben ein Team, das Kaltakquise betreibt:

- Wir zahlen ihnen 15 Dollar pro Stunde und 50 Dollar pro Termin oder „Show".

- Wir machen 3.600 Dollar Gewinn pro Verkauf.

- Leads kosten uns zehn Cents.

- Sie rufen 200 Leads pro Tag an.

- Wir würden wahrscheinlich etwa zwei Shows pro Tag von einem Mitarbeiter bekommen.

- Wenn sie acht Stunden am Tag arbeiteten, zahlten wir 120 Dollar für die Arbeit und 100 Dollar für die Showprovision pro Mitarbeiter und 20 Dollar für die Leads.

- Das bedeutet, dass wir 240 Dollar für zwei Shows oder 120 Dollar pro Show zahlen würden.

- Wenn wir 33 % der Shows abschließen würden, lägen unsere Kosten für einen Kunden (ohne Provisionen) bei 360 Dollar.

- Da wir pro neuem Kunden 3.600 Dollar Gewinn machen, würden wir eine Rendite von 10:1 erzielen.

Die Faustregel im Geschäftsleben lautet, dass Sie eine Rendite von über 3:1 anstreben. Ich persönlich strebe einen viel höheren Wert an, weil ich gerne mehr Geld verdiene. So funktioniert also die Kaltakquise. Dann fügen Sie einfach mehr Mitarbeiter hinzu. Wenn Sie Mitarbeiter haben, geben Sie ihnen eine feste Anzahl von Leads, die sie bearbeiten sollen. Auf diese Weise können Sie sie an Quoten halten. Das ist etwas, das sich für mich bewährt hat.

Das klingt schwer, warum sich die Mühe machen?

Die meisten Menschen unterschätzen dramatisch, wie viel Volumen es braucht, um die kalte Kontaktaufnahme zu nutzen. Sie unterschätzen auch, wie lange es dauert. Aber es gibt sieben *enorme* Vorteile, die die Kaltakquise mit sich bringt:

1) Sie müssen nicht viele Inhalte oder Anzeigen erstellen.

2) Ihre Konkurrenz weiß nicht, was Sie tun, denn alles ist privat.

3) Es ist unglaublich zuverlässig.

4) Weniger Plattformwechsel. Öffentliche Plattformen ändern sich ständig, aber die private Kommunikation tut das selten.

5) Compliance ist weniger schmerzhaft.

6) Kein Sprachrohr = verkaufbares Geschäft. Es braucht Ihr Gesicht nicht, um zu funktionieren.

7) Für Ihre Konkurrenten ist es schwer, die Größe eines großen Teams zu kopieren.

Sie sind an der Reihe

Wenn Sie sich an unsere Werbe-Checkliste erinnern, ist dies der Beginn Ihrer Reise, um durch Kaltakquise mehr engagierte Leads zu gewinnen. Sie beginnen damit, wenn Ihnen die Leute ausgehen, bei denen Sie werben können, oder weil Sie einfach mehr wollen. Hier ist ein Beispiel.

Tägliche Checkliste für die Kaltakquise	
Wer:	Sie selbst
Was:	Aufhänger + Lead-Magnet/ Kernangebot
Wo:	Jede private Kommunikationsplattform
An wen?	Liste: Gesammelt, gekauft oder Software verwendet.
Wann:	Jeden Morgen, 7 Tage die Woche
Warum?	Die Leads dazu bringen, sich zu engagieren, um Angebote zu verkaufen
Wie?	Live- Anrufe, Senden von Sprachnachrichten, Senden von E-Mails, Senden von Textnachrichten, direkte Textnachrichten, Videonachrichten, Sprachnachrichten, Direktmailing, handgeschriebene Karten usw.
Wie viel?	100 pro Tag
Wie viele?	Tag 1 - 2x, Tag 2 - 2x, Tag 7 - 1x
Wie lange?	So lange wie es dauert.

Profi-Tipp: Zählen Sie in 100ern

Dies ist ein Kapazitäts-Spiel. Um die gewünschten Ergebnisse zu erzielen, müssen Sie viel Kapazität effizient erzeugen. Setzen Sie sich kein Tagesziel unter 100. Und hören Sie für mindestens 100 Tage nicht damit auf. Wenn Sie 100 Tage hintereinander 100 Kontaktaufnahmen durchführen, verspreche ich Ihnen, dass Sie neue, engagierte Leads gewinnen werden.

Der nächste Schritt

Nachdem Sie nun Ihr Engagement für diese Methode der Kaltakquise festgelegt haben, kommen wir zur letzten Sache, die eine einzelne Person tun kann, um Werbung zu machen: bezahlte Anzeigen schalten.

KOSTENLOSES GESCHENK: Beispiele für Kaltakquise-Skripte

Ich musste die Skripte kürzen, um das Buch auf eine überschaubare Länge zu bringen. Wenn Sie sich diese Skripte zum Vorbild nehmen wollen, gehen Sie zu: Acquisition.com/training/leads. Und falls Sie noch einen weiteren Grund brauchen, außer dass es Ihnen Geld bringt: ... Es kostet Sie nichts. Es ist kostenlos. Viel Spaß! Und wie immer können Sie auch den QR-Code scannen, wenn Sie nicht gern tippen.

Nr. 4 Bezahlte Anzeigen schalten Teil I: Eine Anzeige erstellen

Wie man für Fremde öffentlich Werbung macht

Werbung ist das einzige Casino, in dem Sie mit genügend Geschick selbst zum Casino werden.

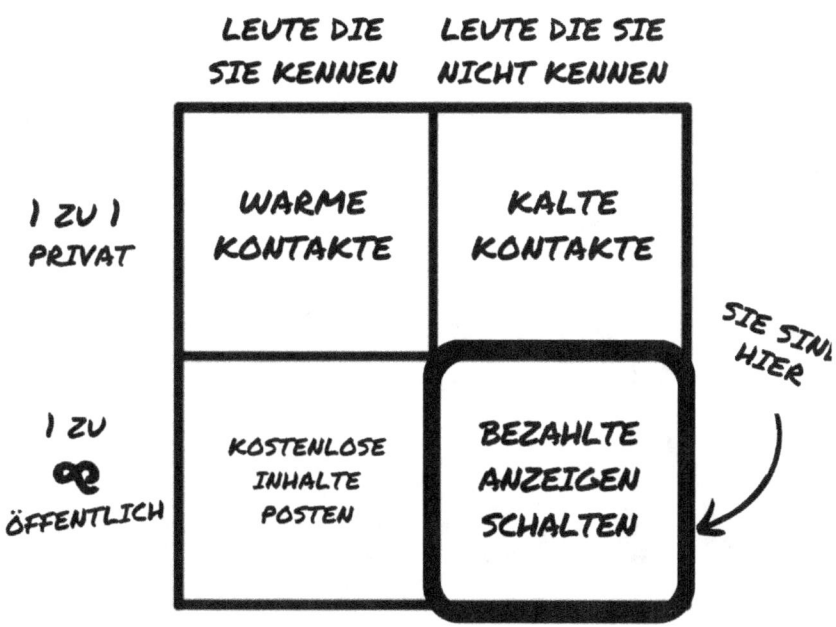

Wie bezahlte Werbeanzeigen funktionieren

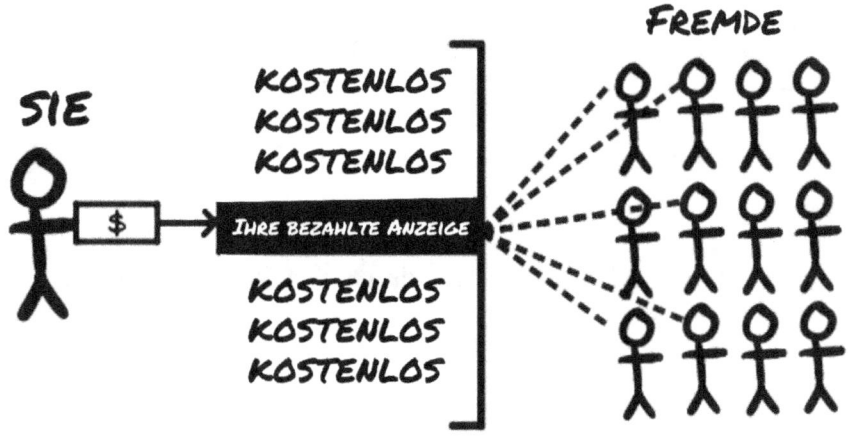

Bezahlte Anzeigen bieten eine schnelle Möglichkeit, kalte Zielgruppen in großem Umfang zu erreichen, indem Sie für den Zugang zur Zielgruppe eines anderen Unternehmens bezahlen. Bezahlte Anzeigen sind zwar risikoreicher als andere Methoden, können aber mehr Leads generieren, wenn sie richtig eingesetzt werden. Anders als bei anderen Methoden ist Ihre Reichweite garantiert. Der schwierige Teil liegt in der Effizienz - wie viel Sie ausgeben und wie viel Sie zurückbekommen.

Bezahlte Werbung stellt uns vor vier neue Probleme, die wir lösen müssen. Lassen Sie sie uns gemeinsam aufschlüsseln:

1) Wissen, wo man werben sollte

2) Das richtige Publikum erreichen, damit es die Werbung sieht

3) Die beste Werbung erstellen, die es für das Publikum zu sehen gibt

4) Die Erlaubnis erhalten, die Zielgruppe zu kontaktieren

Schritt 1: „Aber wo soll ich werben?" → Finden Sie eine Plattform, auf die diese vier Dinge zutreffen

Plattformen verbreiten Inhalte an ein Publikum. Und wo es ein Publikum gibt, kann man in der Regel auch Werbung schalten. Folgendes suche ich auf einer Plattform, auf der ich werben möchte:

• Ich habe sie verwendet und als Verbraucher einen Nutzen daraus gezogen. Ich habe also eine Vorstellung davon, wie sie funktioniert.

• Ich kann Menschen auf der Plattform ansprechen, die sich für meine Sachen interessieren.

• Ich weiß, wie man Anzeigen plattformspezifisch formatieren kann (darauf gehe ich in Schritt drei ein).

• Ich verfüge über den Mindestbetrag, den ich ausgeben muss, um eine Anzeige zu schalten.

... Und ja, Plattformen ändern sich ständig, aber diese Prinzipien bleiben gleich.

Übung Nr. 30: Wählen Sie eine Plattform, die alle vier Anforderungen erfüllt. Beginnen Sie damit, die Anzeigen auf dieser Plattform zu konsumieren. Wenn Sie sich nicht sicher sind, fangen Sie auf der Plattform an, die Ihre Konkurrenten am häufigsten nutzen.

Schritt 2: „Aber wie bringe ich die richtigen Leute dazu, meine Werbeanzeige zu sehen?" → Nehmen Sie sie ins Visier (Targeting)

Sie finden die richtigen Leute, indem Sie als Erstes die richtige Plattform auswählen. Als Nächstes versuchen Sie, möglichst viele Menschen, von denen Sie glauben, dass sie Ihre Produkte kaufen werden, dazu zu bringen, Ihre Anzeige zu sehen. Also machen wir die zweite Targeting-Runde *auf* der Plattform selbst. Moderne Werbeplattformen haben zwei Möglichkeiten der Zielgruppenansprache. Sie können sie einzeln nutzen oder sie kombinieren:

1) Sprechen Sie eine ähnliche Zielgruppe an. Ähnliche Zielgruppen („lookalike audiences") sind ein Targeting-Tool auf modernen Werbeplattformen. Sie geben eine Liste von Kontakten an und die Plattform findet ähnliche Nutzer, denen Sie Ihre Anzeigen zeigen können. So wird's gemacht: Laden Sie eine Liste mit aktuellen und früheren Kunden hoch. Fügen Sie warme Kontakte und kalte Leads hinzu, um die Mindestanzahl zu erreichen, falls nötig.

2) Zielen Sie mit Faktoren Ihrer Wahl. Zu den Targeting-Optionen gehören: Alter, Einkommen, Geschlecht, Interessen, Zeit, Ort etc. Grundlegende Filter zusätzlich zu den von der Plattform generierten ähnlichen Zielgruppen sind eine einfache Methode, um mehr der richtigen Personen für Ihre Anzeigen zu gewinnen. Das Ergebnis: effizientere Anzeigen.

Profi-Tipp: Lokales Targeting

Da die lokalen Märkte im Vergleich zu den nationalen Märkten bereits *winzig* sind, sollten Sie nicht noch viele weitere Filter hinzufügen. Seien Sie so spezifisch wie möglich, aber nicht weiter. Der lokale Markt allein macht schon 0,1 % des nationalen Marktes aus, Sie sind also schon ziemlich eingeschränkt.

Je mehr Filter Sie verwenden, desto spezifischer wird die Liste. Je spezifischer die Liste, desto effizienter sind Ihre Anzeigen, aber desto schneller werden Sie sie „aufbrauchen". Diese Spezifität versetzt Sie jedoch in die Lage, frühzeitig mehr Siege zu erzielen. Die Gewinne kleinerer spezifischer Zielgruppen verschaffen Ihnen nun das Geld, um später bei größeren und breiteren Zielgruppen Werbung zu machen. *So skalieren Sie.*

Übung Nr. 31: Erstellen Sie eine Zielgruppe, die Sie ansprechen wollen.

Schritt 3 „Aber was sollte meine Anzeige beinhalten?" → Ansprache + Wert + Aufforderung zum Handeln (Call to Action, CTA)

Meine besten Anzeigen haben drei Elemente.

1) Ansprachen - Ich muss potenzielle Kunden auf meine Anzeige aufmerksam machen

2) Wert - Ich muss ihr Interesse an meinem Angebot wecken

3) Aufforderungen zum Handeln - Ich muss ihnen sagen, was als Nächstes zu tun ist

1) Ansprache (Call out): *Dass die Leute auf Ihre Anzeige aufmerksam werden, ist der wichtigste Teil der Anzeige ... bei weitem.*

Stellen Sie sich vor, Sie sind auf einer Cocktailparty in einem großen Ballsaal. Viele Leute reden in Gruppen. Im Hintergrund läuft laute Musik. In all dem Lärm durchdringt ein einziger Ton alles und Sie drehen sich um. Möchten Sie wissen, wie dieser Ton lautet? Es ist Ihr Name. Sie hören ihn und suchen *sofort* nach der Quelle.

Eine **Ansprache (Call out)** *ist alles, was Sie machen, um die Aufmerksamkeit Ihres Publikums zu erregen.* Es gibt verschiedene Arten von Ansprachen: von sehr spezifisch - um die Aufmerksamkeit einer einzigen Person zu bekommen - bis hin zu überhaupt nicht spezifisch - um die Aufmerksamkeit aller zu bekommen. Lassen Sie mich das erklären. Wenn jemand ein Tablett mit Geschirr fallen lässt, schauen *alle* hin. Wenn ein Kind „MAMA!" schreit, schauen alle *Mütter* hin. Wenn jemand Ihren Namen sagt, schauen nur *Sie*. Alle diese Aufrufe erregen Aufmerksamkeit. Ich versuche, meine Aufrufe spezifisch genug zu gestalten, um die richtigen Leute zu erreichen, *und* weitreichend genug, um so viele wie möglich anzusprechen. Achten Sie also genau darauf, wie Werbetreibende Call outs verwenden, vor allem die, die sich an Ihre Zielgruppe richten.

Bei verbalen Aufrufen achte ich auf Folgendes: *Worte zu verwenden, die Aufmerksamkeit erregen:*

1) <u>Label</u>: Dazu gehören Merkmale, Eigenschaften, Titel, Orte und andere Beschreibungen. Beispiel: *Clark County Moms* *Fitnessstudio-Besitzer* *Remote-Mitarbeiter* *Ich suche nach XYZ* usw. Um die größtmögliche Wirkung zu erzielen, *müssen sich Ihre idealen Kunden mit dem Label identifizieren.*

2) <u>Ja-Fragen</u>: Fragen, bei denen sich die Leute für das Angebot qualifizieren, wenn sie mit „Ja, das bin ich" antworten. Beispiele: *Wachen Sie mehr als einmal pro Nacht auf, um zu pinkeln?* *Haben Sie Schwierigkeiten, Ihre Schuhe zuzubinden?* *Besitzen Sie ein Haus, das mehr als 400.000 Dollar wert ist?*

3) <u>Wenn-Dann-Aussagen</u>: *Wenn* die Leute Ihre Bedingungen erfüllen, dann helfen Sie ihnen bei der Entscheidungsfindung. *Wenn Sie mehr als 100.00 Dollar im Monat für Anzeigenschaltung ausgeben, dann helfen wir Ihnen, 20 % und mehr einzusparen ...* *Wenn Sie zwischen 1978 und 1986 in Muskogee, Oklahoma, geboren sind, dann qualifizieren Sie sich für eine Sammelklage ...* *Wenn Sie XYZ möchten, dann passen Sie gut auf...*

4) <u>Alberne Resultate</u>: Bizarre, seltene oder ungewöhnliche Dinge, die jemand haben möchte.
Massagestudio ist zwei Jahre im Voraus ausgebucht. Die Kunden sind wütend *Diese Frau hat 50 Pfund Gewicht durch Pizzaessen verloren und ihren Trainer gefeuert* *Die Regierung verteilt Tausend-Dollar-Schecks an jeden, der drei Fragen beantworten kann* usw.

Call outs müssen nicht nur aus Worten bestehen. Sie können auch Geräusche oder visuelle Elemente in der Umgebung sein. Gehen wir zurück zur Cocktailparty. Sicherlich würde ein heruntergefallenes Tablett mit Geschirr die Aufmerksamkeit aller erregen, aber das Kling-kling eines Messers gegen eine Champagnerflöte täte dies auch. Beide ziehen aus unterschiedlichen Gründen die Aufmerksamkeit auf sich - das eine signalisiert eine peinliche Katastrophe, das andere eine wichtige Neuigkeit ... *aber in beiden Fällen wollen alle wissen, wie es weitergeht.* Wenn es die Plattform zulässt, verwenden gute Werbetreibende verbale und nonverbale Hinweise zusammen.

Folgendes beachte ich bei nonverbalen Ansprachen - *ich nutze die Umgebung und den Sprecher, um Aufmerksamkeit zu erregen:*

1) Kontraste: Alles, was in den ersten paar Sekunden „heraussticht". Die Farben. Die Geräusche. Die Bewegungen usw. Achten Sie auf das, was Ihre Aufmerksamkeit erregt.

2) Ähnlichkeit: Denken Sie daran, Labels visuell *darzustellen* - Merkmale, Titel, Orte und andere Beschreibungen, mit denen sich Menschen identifizieren. Menschen möchten mit Menschen zusammenarbeiten, die auf eine Art und Weise aussehen, sprechen und handeln, die ihnen vertraut ist (und es kann sein, dass Sie nicht auf eine Art und Weise aussehen, sprechen oder handeln, die ihnen vertraut ist). Wenn Sie also einen breiten Kundenstamm bedienen, verwenden Sie in Ihren Anzeigen mehr Ethnien, Altersgruppen, Geschlechter, Persönlichkeiten usw. Wenn Sie einen kleinen Kundenkreis bedienen (z. B. medizinische Geräte für Senioren), dann verwenden Sie Menschen, die wie sie aussehen.

3) Die Szene: Denken Sie daran, die Ja-Fragen und Wenn-Dann-Aussagen *zu zeigen.* Beispiel: Eine Anzeige mit einer Person, die sich im Bett hin und her wälzt, spricht Menschen mit Schlafproblemen an.

Übung Nr. 32: Zeichen Sie jede Woche etwa zehn neue Anzeigen auf. Aber zeichnen Sie dreißig oder mehr erste Sätze oder Fragen auf, mit denen die Anzeige beginnt. Mit dreißig Call outs und zehn Hauptanzeigen können Sie in wenigen Stunden dreihundert Variationen erstellen. Sobald Sie den besten Call out kennen, wenden Sie ihn auf alle Anzeigen an.

2) Wecken Sie ihr Interesse. Lassen Sie die Vorteile so groß wie möglich und die Kosten so klein wie möglich aussehen. Das macht ein Angebot oder einen Lead-Magneten so wertvoll wie möglich und sorgt dafür, dass die meisten Leads sich dafür interessieren. Geben Sie eine klare Antwort auf die Frage: *Warum sollte ich an Ihrem Angebot interessiert sein?* Ich verwende den Was-Wer-Wann-Rahmen.

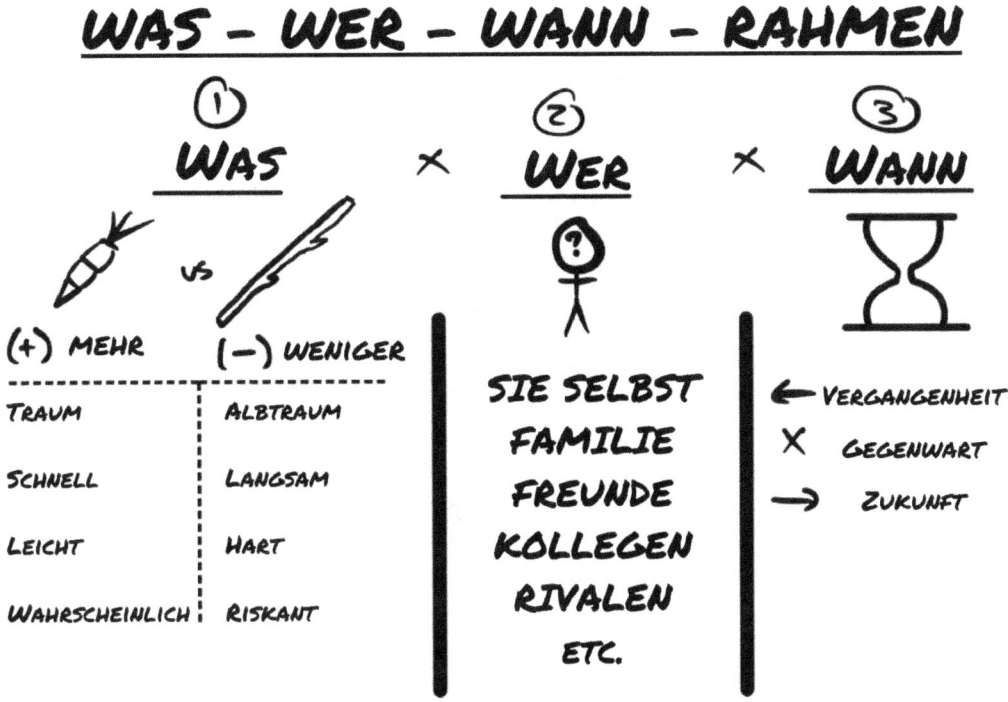

Beginnen wir also mit dem „Was": Acht Schlüsselelemente

- **Traumergebnis:** Zeigen Sie den maximalen Nutzen auf, der mit Ihrem Produkt/ Ihrer Dienstleistung erreicht werden kann.

- **Das Gegenteil (Alptraum):** Heben Sie den Schmerz hervor, der entsteht, wenn man auf Ihre Lösung verzichtet.

- **Wahrgenommene Erfolgswahrscheinlichkeit:** Verringern Sie das wahrgenommene Risiko des Scheiterns.

- **Das Gegenteil (Risiko):** Betonen Sie das Risiko, wenn nicht gehandelt wird.

- **Zeitverzögerung:** Zeigen Sie auf, wie langsam der Fortschritt ist oder dass er stagniert, wenn auf Ihre Lösung verzichtet wird.

- **Das Gegenteil (Geschwindigkeit):** Zeigen Sie, wie viel schneller die Leute mit Ihrem Angebot ihre Ziele erreichen können.

- **Anstrengung und Aufopferung:** Veranschaulichen Sie den Arbeitsaufwand und die Bemühungen, die ohne Ihre Lösung erforderlich sind.

- **Das Gegenteil (Leichtigkeit):** Zeigen Sie, wie Ihre Lösung den Aufwand reduziert und das bewahrt, was die Leute lieben.

Das sind die 8 Schlüsselelemente, die die Wünsche, Ängste und Vorstellungen der potenziellen Kunden über das Erreichen ihrer Ziele ansprechen und Ihr Produkt oder Ihre Dienstleistung als ideale Lösung positionieren. Jetzt verstehen wir das Was - wie wir die vier Wertelemente liefern und wie wir ihre vier Gegensätze vermeiden. Wir gehen nun zum nächsten W über - dem Wer.

Wer: Menschen sind statusorientiert, wobei der Status davon abhängt, wie andere sie behandeln. Gute Werbung zeigt, wie das Produkt/die Dienstleistung die Art und Weise verändert, wie andere den Kunden behandeln. Zwei wichtige Gruppen sind zu berücksichtigen: Kunden, die Status gewinnen, *und* die Menschen, die Status geben (Ehepartner, Kinder, Familie, Kollegen, Chefs, Freunde, Rivalen). Mehrere Perspektiven bieten mehrere Möglichkeiten, die Statusverbesserung zu zeigen. So haben wir mehr Möglichkeiten, Vorteile aufzuzeigen, die über die direkte Erfahrung des Kunden hinausgehen.

Beispiele:

- Für die Gewichtsabnahme: das neue Vorbild für die Kinder, die Verbesserung der Gesundheit des Ehepartners, das berufliche Fortkommen

- Für das Geschäft: weniger Nörgelei des Ehepartners, weniger Stress für die Kinder, Aufmerksamkeit der Konkurrenz

Durch die Anwendung jeder WER-Perspektive auf jeden WAS-Werttreiber entstehen eine Menge Geschichten und Blickwinkel. Das führt mich zur dritten Linse des Was-Wer-Wann-Rahmens - dem Wann.

Wann: Das „Wann"-Element bei der Anzeigenerstellung zielt darauf ab, die Perspektive des potenziellen Kunden über seine Zeitachse zu erweitern:

1) Berücksichtigen Sie vergangene, gegenwärtige und zukünftige Konsequenzen von Entscheidungen.

2) Visualisieren Sie Szenarien sowohl aus der Perspektive des Interessenten als auch aus der Perspektive der anderen.

3) Zeigen Sie zu vermeidende negative Folgen auf, die auftreten, wenn auf das Produkt/die Dienstleistung verzichtet wird.

4) Kontrastieren Sie diese mit den positiven Ergebnissen, die der Interessent erwarten kann, wenn er kauft.

5) Kombinieren Sie die Motivatoren „hin zum Guten" und „weg vom Schlechten".

Nutzen Sie diesen Ansatz der Zeitleiste, um Ihre Anzeigen besser und vielfältiger zu gestalten und die Botschaft zu finden, die am besten bei Ihrem Interessenten ankommt.

Indem wir das Was, das Wer und das Wann zusammenbringen, beantworten wir, *WARUM Kunden sich für unser Angebot interessieren sollten.*

Wenn wir Folgendes kombinieren:

- alles, was wir tun können, um potenzielle Kunden *zu* den vier Werttreibern zu bewegen und sie gleichzeitig *von den* gegenteiligen Faktoren *wegzubringen*

- die vielen Perspektiven, die wir ihnen aufzeigen können, um Status zu gewinnen, *und*

- unterschiedliche Zeitleisten für jeden …

... haben wir die *Gründe, warum* die potenziellen Kunden interessiert sein sollten. Jetzt haben wir viele Möglichkeiten, ihr Interesse zu wecken! Und: Je mehr Aspekte wir abdecken, desto interessierter werden sie sein.

Profi-Tipp: Holen Sie sich unbegrenzte Inspiration.

Viele Plattformen haben eine Datenbank mit vergangenen und aktuellen Werbeanzeigen. Wenn Sie jetzt in einer Suchmaschine nach „[PLATFORM] Anzeigenbibliothek" suchen, finden Sie sie mit wenigen Klicks. Wenn Sie eine Anzeige sehen, die lange läuft (einen Monat oder länger), können Sie davon ausgehen an, dass sie profitabel ist. Machen Sie sich dann Notizen über die verwendeten Call outs, die Art und Weise, wie die Anzeige die Wertelemente illustriert, und die CTAs. Achten Sie auf die Wörter, die verwendet werden, *und* wie diese dargestellt werden. Wenn Sie etwa fünfzig Anzeigen untersuchen, haben Sie einen großen Vorsprung, um Ihre eigenen Gewinner-Anzeigen zu erstellen.

Übung Nr. 33: Durchsuchen Sie die Anzeigenbibliothek auf einer beliebigen Plattform, um 50 oder mehr Anzeigen Ihrer Konkurrenten aufzuschlüsseln und das Was, Wer und Wann zu identifizieren. Bilden Sie diese in Ihren ersten Anzeigen nach.

3) CTA – Sagen Sie ihnen, was als Nächstes zu tun ist

Wenn Ihre Anzeige sein Interesse geweckt hat, dann ist Ihr Publikum enorm motiviert ... für eine kurze Zeit. Nutzen Sie den Vorteil. Sagen Sie den Leuten genau, was sie als Nächstes tun sollen. Gestalten Sie die CTAs schnell und einfach. Einfache Telefonnummern, eindeutige Schaltflächen, einfache Websites.

Schritt 4: „Wie komme ich an ihre Kontaktdaten?" → Holen Sie sich die Erlaubnis, sie zu kontaktieren

Sobald Ihre Interessenten der Handlungsaufforderung gefolgt sind - Holen. Sie. Sich. Deren. Kontaktinformationen. Meine Lieblingsmethode, um Kontaktinformationen zu bekommen, ist eine einfache Landing Page. Hier sind meine drei Lieblingsvorlagen. Suchen Sie sich eine aus und fangen Sie an zu testen.

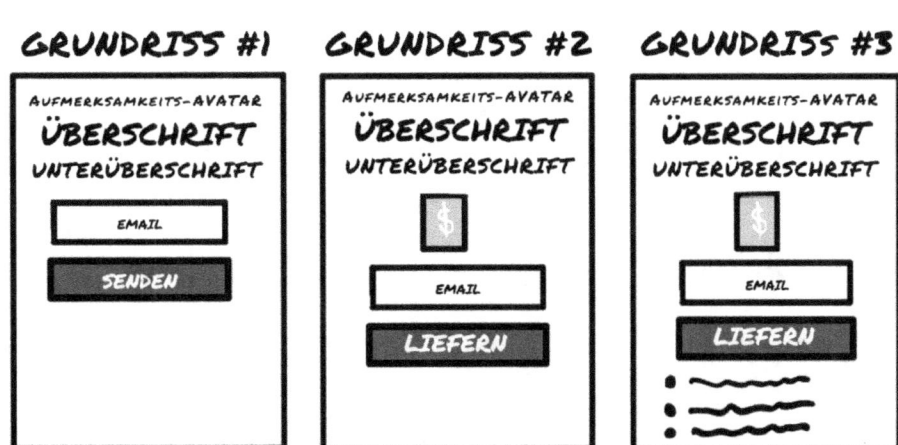

Und sorgen Sie dafür, dass Ihre Landing Pages in jeder Hinsicht mit Ihren Anzeigen übereinstimmen. Sie möchten ein kontinuierliches Erlebnis vom „Klicken bis zum Abschluss".

Bringen Sie mehr Leute dazu, mehr Schritte zu machen, indem Sie sie an die Aktion erinnern, die sie gerade gemacht haben. Wenn Sie aufzeigen, wie die nächste Aktion damit zusammenhängt, werden Sie mehr Leute dazu bringen, die zweite Aktion zu machen (Kontaktinformationen).

Übung Nr. 34: Erstellen Sie Ihre erste Landing Page. Erstellen Sie eine Landing Page oder bezahlen Sie jemanden, der es für Sie tut. Das dauert 10 Minuten oder 200 Dollar. Bezahlen Sie mit dem, was Ihnen am wenigsten wert ist. **Schalten Sie jetzt Ihre Anzeige.**

Im nächsten Kapitel gehen wir darauf ein, wie gut wir abgeschnitten haben und wie wir uns anpassen können.

Nr. 4 Bezahlte Anzeigen schalten Teil II: Geldangelegenheiten

„Ich versuche nur, einen Dollar zu kaufen und ihn für zwei
zu verkaufen" - Proposition Joe, The Wire

Jede Werbung funktioniert. Das Einzige, worin sich Werbemaßnahmen unterscheiden, ist, wie *gut* sie funktionieren. Es geht nur um *die Rendite Ihrer Investition.* Und bei bezahlter Werbung ist das ganz klar, denn Sie investieren X Dollar, damit die Leute die Werbung sehen, und bekommen Y Dollar, wenn sie Ihre Produkte kaufen.

Dieses Kapitel beantwortet vier große Fragen über Werbung, wie ich sie verstehe:

- Wie viel gebe ich aus? → Drei Phasen der Skalierung von Anzeigen

- Woher weiß ich, ob ich es gut mache? → Kosten und Benchmarks

- Wenn meine Anzeigen nicht profitabel sind, wie kann ich das ändern? → Kunden-finanzierte Akquise

- Was hätte ich gerne gewusst, bevor ich meine erste bezahlte Anzeige geschaltet habe? → Lektionen

„Aber wie viel gebe ich für bezahlte Anzeigen aus?"→ Die drei Phasen der Skalierung von bezahlten Werbeanzeigen

Meiner Meinung nach gibt es drei Phasen, um Geld für Werbung auszugeben.

Phase Eins: Geld im Auge behalten. Bevor Sie einen Dollar für Werbung ausgeben, sollten Sie alles so einrichten, dass Sie Ihre Einnahmen genau verfolgen können. Schauen Sie sich ein Tutorial an oder bezahlen Sie jemanden dafür. Das ist Copy-Paste.

Phase Zwei: Geld verlieren (halb scherzhaft gemeint). Es ist eine Investition in eine Gelddruckmaschine. Sie werden öfter verlieren als gewinnen, aber wenn Sie gewinnen, gewinnen Sie sehr viel. Planen Sie das Doppelte des Geldes ein, das Sie in dreißig Tagen von einem Kunden erhalten, wenn Sie neue Anzeigen testen. Es kostet Geld, eine Werbemaschine aufzubauen, aber langfristig lohnt es sich.

Phase Drei: Geld drucken. Wenn Sie mehr einnehmen, als Sie ausgeben, ist die Antwort einfach – geben Sie so viel aus, wie Sie können. Leiten Sie Ihr Budget von Ihren Umsatzzielen ab. Wenn die Zahl Sie erschreckt, machen Sie es richtig. Vertrauen Sie den Daten. So skalieren Sie, und das ist der Grund, warum die meisten Leute es nie tun.

„Wie gut geht es mir?" - Kosten und Erträge - Effizienz-Benchmarks

Effiziente bezahlte Werbung bringt mehr Geld ein, als sie kostet. Ich messe die Effizienz, indem ich den Langzeit-Bruttogewinn (Life Time Gross Profit - LTGP) mit den Kosten für die Kundengewinnung (Cost to Acquire a Customer - CAC) vergleiche. Der LTGP ist das gesamte Geld, das ein Kunde jemals für Ihre Produkte ausgibt, abzüglich der Lieferkosten. Es ist das Geld, mit dem Sie Ihr Geschäft betreiben.

Ein gutes Verhältnis von LTGP zu CAC liegt bei mindestens 3 zu 1. Unternehmen, die mit der Skalierung kämpfen, haben oft ein geringeres Verhältnis.

Zwei große Hebel zur Verbesserung der Ration von LTGP zu CAC:

1) CAC senken - Durch effizientere Werbung günstigere Kunden gewinnen.

2) LTGP steigern - Ihren Verdienst pro Kunde mit einem besseren Geschäftsmodell erhöhen.

Ich ziehe es vor, beides zu tun, um möglichst viel Geld zu verdienen.

Oft denken Unternehmer, dass sie schlechte Werbung machen (hohe CAC), obwohl sie in Wirklichkeit ein schlechtes Geschäftsmodell haben (niedriger LTGP). Der Unterschied zwischen Gewinnern und Verlierern ist normalerweise, wie viel sie mit jedem Kunden verdienen.

Um zu wissen, worauf Sie sich konzentrieren müssen, können Sie sich am Branchendurchschnitt der CAC orientieren. Wenn Ihre CAC unter dem Dreifachen Ihres Branchendurchschnitts liegen, konzentrieren Sie sich auf Ihr Geschäftsmodell. Liegen sie darüber, konzentrieren Sie sich auf die Werbung.

Denken Sie daran, dass die Kosten nur gegen Null gehen können, aber der Gewinn kann ins Unendliche steigen. Eine Steigerung der Werbeeffizienz über einen bestimmten Punkt hinaus ist so, als würden Sie versuchen, sich den Weg zu einer Milliarde Dollar „freizusparen".

„Meine Anzeigen sind nicht profitabel, wie kann ich das ändern?" → Kundenfinanzierte Akquise

Für viele Unternehmen ist der LTGP größer als die CAC, aber nicht nach dem ersten Kauf. Dieses Cashflow-Problem lähmt Ihre Fähigkeit, Anzeigen zu skalieren. Wenn Ihr Kunde jedoch mehr ausgibt, als es kostet, ihn in den ersten 30 Tagen zu gewinnen und zu bedienen, haben Sie eine kundenfinanzierte Akquise.

Beispiel:

— 15 $/Monat Mitgliedschaft, 5 $ für die Lieferung = 10 $ Bruttogewinn/Monat

— Durchschnittliches Mitglied bleibt 10 Monate = 100 $ LTGP

— Wenn die CAC 30 $ betragen, ist das Verhältnis LTGP: CAC 3,3:1

Problem: Sie haben 30 $ für Werbung ausgegeben und anfangs nur 10 $ zurückbekommen.

Lösung: Verkaufen Sie sofort mehr.

— Upselling für 100 $ (100 % Marge), das 1 von 5 Kunden annimmt = durchschnittlich 20 $ Upselling pro Kunde

— Das bringt uns in den ersten 30 Tagen von 10 $ auf 30 $ und damit in die Gewinnzone.

Jetzt können Sie einen weiteren Kunden gewinnen und gleichzeitig 9 Monate lang 10 $ Gewinn/Monat kassieren. So druckt man Geld.

Fazit: Lassen Sie sich in den ersten 30 Tagen von Ihren Kunden bezahlen, damit Sie das Geld für neue Kunden nutzen können. Auf diese Weise habe ich *viele* Unternehmen innerhalb von 12 Monaten auf mehr als 1 Mio. $/Monat gebracht, ohne dass ich dafür eine externe Finanzierung gebraucht hätte.

Persönliche Lektionen aus bezahlten Anzeigen

1. Verwechseln Sie Verkaufsprobleme nicht mit Werbeproblemen: Die Kosten, um Kunden zu gewinnen, kommen nicht nur aus der Werbung. Wenn Ihre engagierten Leads das Problem haben, das Ihr Angebot löst, und auch über das nötige Geld verfügen, aber nicht kaufen, funktionieren Ihre Anzeigen einwandfrei – Sie haben ein Verkaufsproblem.

2. Ihre besten kostenlosen Inhalte können die besten bezahlten Anzeigen ergeben: Kostenlose Inhalte, die Umsätze generieren oder gut funktionieren, eignen sich oft hervorragend für bezahlte Anzeigen. Auch nutzergenerierte Inhalte (User Generated Content, UGC) wie Erfahrungsberichte oder Rezensionen von Kunden können tolle Anzeigen sein. Ein System, das diese öffentlichen Beiträge fördert, ist ein müheloser Weg, um potenzielle Anzeigen zu erhalten.

3. Wenn Sie sagen, dass Sie in etwas mies sind, werden Sie wahrscheinlich mies darin sein: Sagen Sie niemals: „Ich bin kein Techniker" oder „Ich hasse technisches Zeug". Das macht Sie nur noch ärmer. Wenn Sie das jahrelang sagen, verschwenden Sie Zeit und Geld, aber konzentrierte Anstrengungen können das schnell ändern. „Wenn dieser Idiot es kann, kann ich es auch.“

Sie sind dran

Ich kann Ihnen für 100 Dollar zeigen, wie Sie in zwanzig Minuten eine Anzeige schalten. Das ist es wert, denn Sie werden lernen, dass das Schalten von Anzeigen einfacher ist, als Sie denken. Die Plattformen geben Zillionen aus, um es so einfach wie möglich zu machen. Suchen Sie einfach nach „WIE SCHALTE ICH EINE [PLATTFORM] ANZEIGE“ und geben Sie 100 Dollar aus, um eine Anzeige zu schalten. Beginnen Sie mit einem akzeptablen Betrag, den Sie bereit sind, jeden Monat zu verlieren, und rechnen Sie damit, dass Sie ihn verlieren, während Sie noch lernen und noch nicht verdienen.

Tägliche Checkliste für bezahlte Werbeanzeigen	
Wer:	Sie selbst
Was:	Ihr Angebot
Wo:	Jede Plattform/Zielgruppe, für die Sie Zugang erwerben können
An wen?	Zielgruppe oder ähnliche Gruppe
Wann:	Jeden Tag, 7 Tage pro Woche
Warum?	Gewinnen Sie engagierte Leads, an die Sie verkaufen können
Wie?	Ansprache + 3Ws + CTA
Wie viel?	Ein Budget erstellen und es dann in ein Verkaufsziel investieren
Wie viele?	30+ Call outs x 10 Anzeigen
Wie lange?	So lange wie es dauert.

GRATIS GESCHENK: Bonus-Schulung - Bezahlte Anzeigen: der schnelle Weg

Die Schaltung bezahlter Anzeigen ist der schnelle Weg. Es ist ein hohes Risiko und ein hoher Ertrag. Ich habe eine detailliertere Aufschlüsselung der Entwürfe für bezahlte Anzeigen aufgezeichnet, die mir in allen Branchen und Preisklassen geholfen haben. Sie finden sie wie immer hier kostenlos: Acquisition.com/training/ leads. Mein Geschenk an Sie – Geld, das Sie in Zukunft verdienen werden. Und wie immer können Sie auch den QR-Code scannen, wenn Sie ungern tippen.

Die vier Grundprinzipien auf Steroiden: Mehr - besser - neu

„Wenn es Ihnen zunächst nicht gelingt, wenden Sie Gewalt an.“

Wie Sie noch mehr Leads bekommen: mehr - besser - neu

Was ist, wenn Sie die vier Kernpunkte befolgen und trotzdem nicht so viele engagierte Leads bekommen, wie Sie möchten? Es gibt drei Möglichkeiten, *jede* der vier grundlegenden Aktivitäten zu verbessern, um *selbst* noch mehr engagierte Leads zu bekommen: **Mehr, besser, neu**.

Einfach gesagt:

1) Sie können *mehr* von dem tun, was Sie gerade tun.

2) Sie können das, was Sie gerade tun, *besser* machen.

3) Sie können es an einem *neuen* Ort tun.

Fangen wir also mit dem an, was ich tatsächlich zuerst mache: *Mehr*.

Mehr

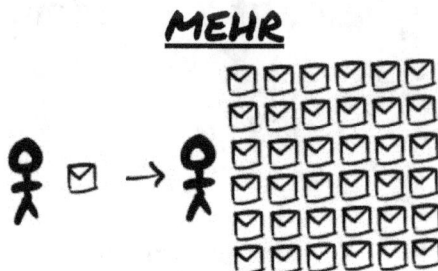

Die offensichtlichste Maßnahme, um mehr engagierte Leads zu bekommen, ist, *mehr* Werbung zu machen. *Sehr viel mehr*. Erhöhen Sie das Volumen bis zur maximalen Kapazität. Selbst ohne jegliche Verbesserungen erhalten Sie mehr engagierte Leads, wenn Sie Ihre Eingaben verdoppeln. Die größten Steigerungen werden oft durch *mehr* Werbung erzielt.

Hier ist, wie ich *mehr* mache: Die 100er-Regel. Führen Sie jeden Tag 100 Primäraktionen durch, und zwar 100 Tage hintereinander. Wenn Sie das tun, erhalten Sie mehr engagierte Leads. Halten Sie sich an die 100er-Regel und Sie werden nie wieder hungern.

Übung Nr. 35: Wenden Sie die 100er-Regel an.

☐ Warme Kontaktaufnahmen: 100 Kontaktierungen pro Tag
☐ Posten von Inhalten: 100 Minuten pro Tag Inhalte erstellen
☐ Kaltakquise: 100 Kontaktierungen pro Tag (Automatisierung verwenden)
☐ Bezahlte Anzeigen: 100 Minuten pro Tag, um bezahlte Anzeigen zu schalten, 100 Tage lang am Stück

Besser

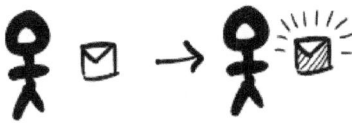

Wenn Sie besser werden, erhalten Sie bei gleichem Aufwand mehr Leads. Sie können nur durch Testen besser werden. Machen Sie mehr, bis es nicht mehr geht, und verbessern Sie es dann. Konzentrieren Sie sich auf die „Einschränkung" - den Schritt, an dem die meisten Leads abfallen. Wenn Sie sich nicht sicher sind, optimieren Sie die Werbung von vorne bis hinten. Die Verbesserung der Einschränkung bringt den größten Schub an Ergebnissen.

So werde ich besser: Ich teste eine Sache pro Woche und Plattform. Auf diese Weise lernen Sie, was funktioniert hat, sehen Sie, wie sich Änderungen auf andere Schritte auswirken, priorisieren Sie die Tests und lassen sie lange genug laufen, um Verbesserungen zu sehen.

Übung Nr. 36: Verbessern Sie sich wöchentlich.

☐ Schauen Sie sich die Ergebnisse an und wählen Sie die Gewinner für jeden Plattformtest
☐ Protokollieren Sie die Ergebnisse
☐ Überlegen Sie sich den nächsten Test
☐ Wenn Sie es nicht schaffen, die aktuelle Version in vier Versuchen zu schlagen, gehen Sie zur nächsten Einschränkung über. Nur wenn Verbesserungen zu abnehmenden Erträgen führen, probieren Sie etwas *Neues* aus.

Neu

NEU

Wann Sie etwas Neues machen sollten: Wenn der Ertrag von mehr ↔ besseren Maßnahmen geringer ist als der, den Sie mit einer neuen Platzierung oder Art der Werbung erzielen könnten.

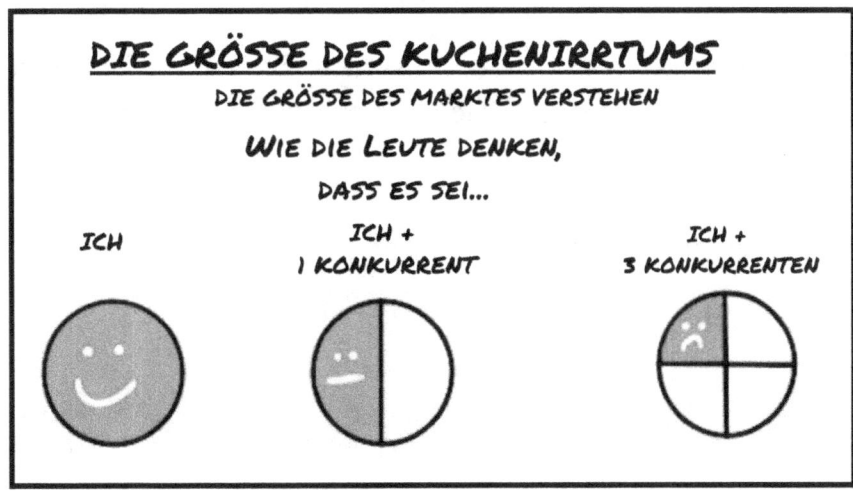

DIE GRÖSSE DES KUCHENIRRTUMS
DIE GRÖSSE DES MARKTES VERSTEHEN
WIE DIE LEUTE DENKEN,
DASS ES SEI...

ICH | ICH + 1 KONKURRENT | ICH + 3 KONKURRENTEN

Die meisten Unternehmer schauen nur auf die Plattform und die kleine Community, in der sie vermarkten. Und normalerweise gibt es nur drei oder vier große Unternehmen, die in ihrer Nische vermarkten. Sie gehen also davon aus, dass diese Unternehmen den *gesamten* Markt unter sich aufteilen *müssen*. Das ist falsch. **Das folgende Bild spiegelt die Realität wider.**

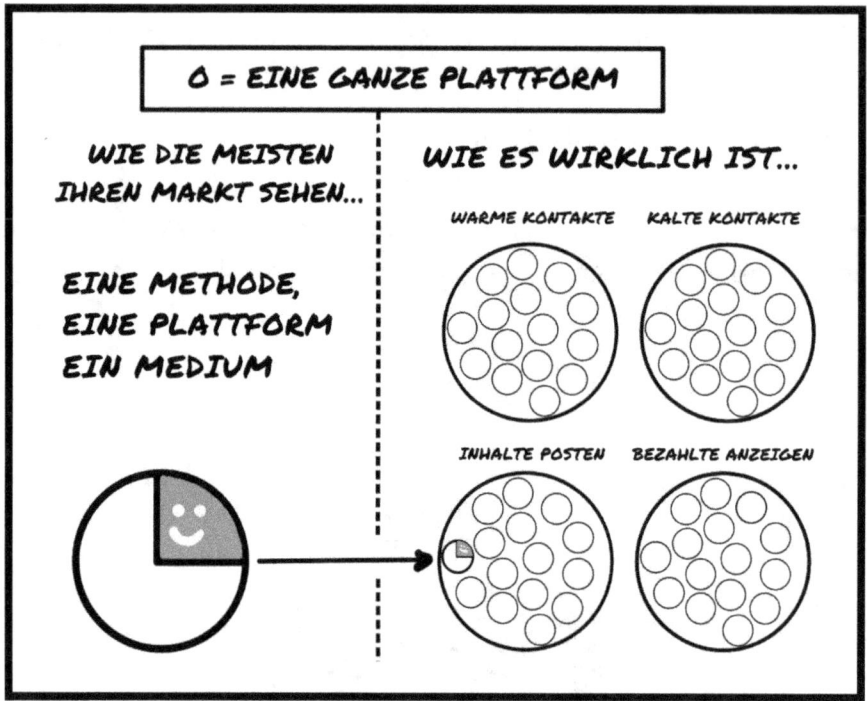

Der „Größe des Kuchens"-Irrtum: Kleine Unternehmen gehen oft fälschlicherweise davon aus, dass der winzige Teil des Universums, für den sie werben, der gesamte verfügbare Markt ist. Dadurch bleiben sie ärmer, als sie sein sollten.

Es gibt viele andere Aufmerksamkeitsbereiche, die sich direkt innerhalb des winzigen Universums der „Beitragsinhalte" befinden. Sie können neue Platzierungen, neue Plattformen oder neue der vier grundlegenden Werbemaßnahmen hinzufügen.

Die Reihenfolge, in der ich mein nächstes „Neues" auswähle, hängt von einer Sache ab: Was bringt mir für den Arbeitsaufwand die meisten Leads? In neun von zehn Fällen geht das so:

Neue Platzierungen: Beispiel: Sie wechseln von Instagram-Story-Anzeigen zu Messenger-Anzeigen.

Neue Plattformen: Beispiel: Sie wechseln von YouTube-Shorties zu Instagram-Shorties.

Eine neue der vier grundlegenden Werbemaßnahmen: Beispiel: Sie erstellen nicht mehr nur Inhalte, sondern fügen auch bezahlte Werbung hinzu.

Fazit: Egal, wie Sie werben, Sie könnten es auf neue Art und Weise oder an neuen Orten tun. Jede bringt uns das, was wir wollen - mehr Kontakte.

Schöpfen Sie zuerst „mehr" und „besser" aus. Probieren Sie dann Neues in dieser Reihenfolge aus: neue Platzierung, neue Plattform, eine neue der vier grundlegenden Werbemaßnahmen. Messen, mit „mehr" und „besser" skalieren, swipen und wiederholen.

Schlussfolgerung

Werbung ist der *Prozess der Bekanntmachung*. Um engagierte Leads zu bekommen, müssen Sie Fremde über Ihre Produkte/Dienstleistungen informieren. Es gibt nur vier Möglichkeiten, wie *eine einzelne* Person Werbung machen kann, und zwar unter Einsatz von Zeit, Geld oder beidem. Sie können bei Menschen werben, die Sie kennen (warm), oder bei Fremden (kalt), öffentlich (Inhalte/Anzeigen) oder privat (Kontaktaufnahme).

Wenn Sie mehr Zeit als Geld haben, können sich nach der Phase der warmen Kontaktaufnahme Inhalte veröffentlichen. Wenn Sie mehr Geld als Zeit haben, wenden Sie sich der Kaltakquise oder dem Schalten von Anzeigen zu. Entscheiden Sie sich einfach für eines und schöpfen Sie es aus. Machen Sie mehr. Machen Sie es besser. Machen Sie was Neues.

Alle Werbemethoden wirken zusammen. Jede Kombination der vier wichtigsten Werbemaßnahmen verstärkt sich gegenseitig in gewisser Weise.

Ich habe sie alle ausprobiert und verschiedene Unternehmen mit unterschiedlichen Kombinationen dieser Methoden aufgebaut. Es gibt viele Wege, um engagierte Leads zu gewinnen. Wenn Sie eine davon beherrschen, können Sie sich für den Rest Ihres Lebens davon ernähren. Sie funktionieren alle, wenn Sie das tun.

Der nächste Schritt

Wenn Sie die Schritte in diesem Buch befolgen, werden Ihnen die Stunden am Tag ausgehen. Sie werden nicht in der Lage sein, noch mehr zu tun, noch besser zu werden ... geschweige denn etwas Neues hinzuzufügen! Sie benötigen also Hilfe auf Ihrer Reise ins Land der endlosen Leads. Sie werden Verbündete brauchen. Diese Verbündeten gibt es in vier verschiedenen Varianten. Und da es mehr von ihnen gibt als von Ihnen, sind sie der Schlüssel, um dorthin zu gelangen. Also lassen Sie uns sie holen.

KOSTENLOSES GESCHENK: Bonus-Training - Mehr, besser, neu

Dies ist eines meiner Lieblingsthemen rund um die Skalierung von Unternehmen. Unsere Portfolio-CEOs nennen dies eines der wirkungsvollsten Konzepte, das ich ihnen gegeben habe. Falls Sie eine Videoversion sehen möchten, in der ich dies aufschlüssele, finden Sie sie wie immer hier kostenlos: Acquisition.com/training/leads. Und wie immer können Sie auch den QR-Code scannen, wenn Sie nicht gern tippen.

ABSCHNITT IV: LEAD-GETTER GEWINNEN

Holen Sie sich Leute, die Ihnen mehr Leads verschaffen

„Gib mir einen Hebel, der lang genug ist, und einen Drehpunkt, an dem ich ihn platzieren kann, und ich werde die Welt bewegen." - Archimedes

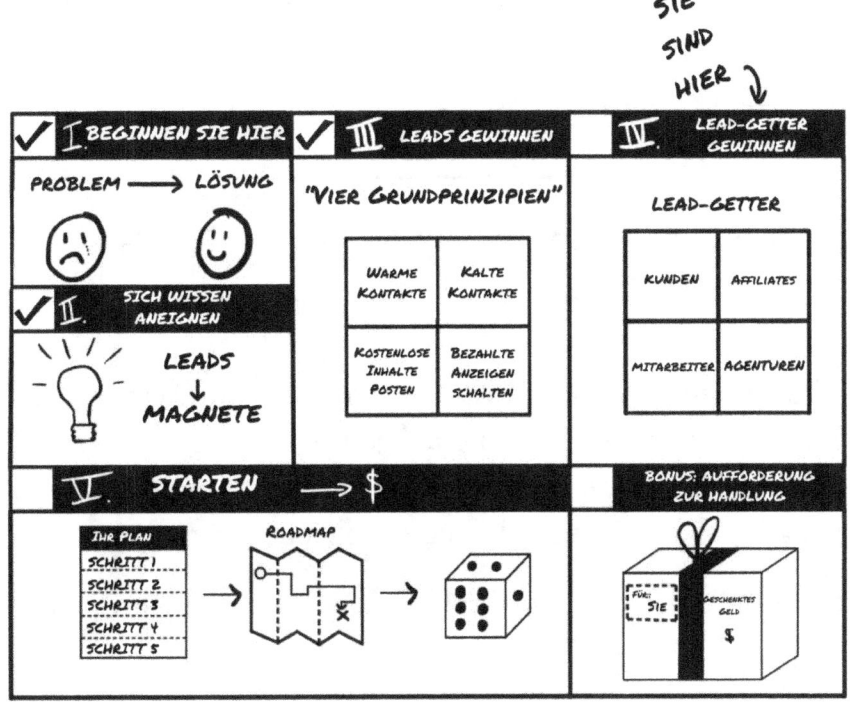

Lead-Getter verschaffen Ihnen Hebelwirkung

Alex Hormozi ✔
@AlexHormozi

Nur zwei Leute können Fremde wissen lassen, was sie zu verkaufen haben.

1) Sie
2) Andere Leute

Es gibt mehr von ihnen als von Ihnen.

Die Leute können sich aus zwei Quellen über die Dinge informieren, die wir verkaufen. *Wir* können sie anhand der vier grundlegenden Werbemaßnahmen informieren.Oder *andere Leute* können es ihnen anhand der vier Werbemaßnahmen mitteilen. Ich nenne diese anderen Leute **Lead-Getter**. Wenn andere etwas für uns tun, sparen wir Zeit. Das bedeutet, dass wir mit weniger Aufwand mehr engagierte Leads erhalten. Hebelwirkung also.

Stellen Sie sich vier Szenarien vor:

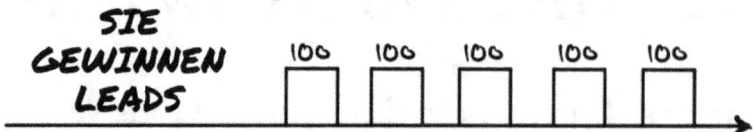

Szenario 1: Sie <u>sind</u> der Lead-Getter. Sie gehen die vier Werbeaktivitäten jeden Tag den ganzen Tag alleine durch. Sie erhalten genügend Leads, um die Rechnungen zu bezahlen.

Arbeitsaufwand: HOCH. Leads: NIEDRIG. Hebelwirkung: NIEDRIG.

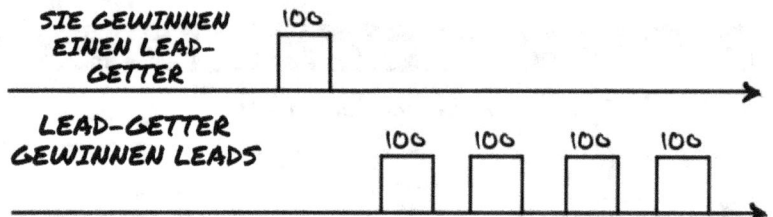

Szenario 2: Sie <u>bekommen</u> einen Lead-Getter. Sie beauftragen einen Lead-Getter, die vier Werbeaktivitäten in Ihrem Namen zu erledigen. Jetzt bringt der Lead-Getter genügend Leads, um die Rechnungen zu bezahlen, ohne dass Sie Werbung schalten müssen. Sie arbeiten weniger als in Szenario Nr. 1 und erhalten die gleiche Anzahl an Leads.

Arbeitsaufwand: NIEDRIG. Leads: NIEDRIG. Hebelwirkung: HOCH.

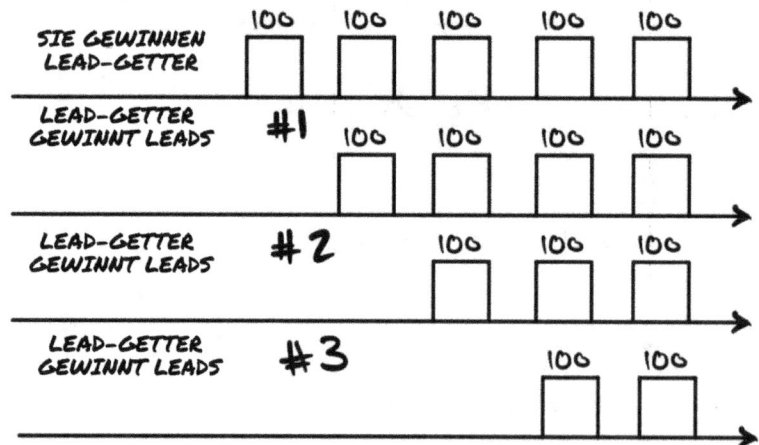

Szenario 3: Sie bekommen viele Lead-Getter. Sie verbringen Ihre ganze Zeit damit, andere Lead-Getter zu finden. Ihre Leads steigen jedes Mal, wenn Sie einen weiteren gewinnen. Sie arbeiten jeden Tag den ganzen Tag, aber Sie erhalten viel mehr Leads als früher, als es nur Sie waren. Sie arbeiten mehr als in Szenario Nr. 2, erhalten aber *viel* mehr Leads.

Arbeitsaufwand: HOCH. Leads: HOCH. Hebelwirkung: HÖHER.

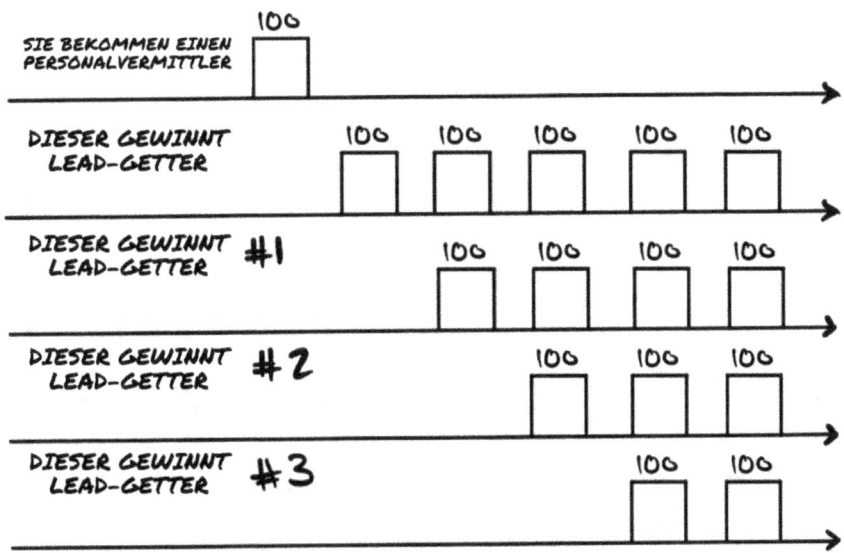

Szenario 4: Sie bekommen einen Lead-Getter, der weitere Lead-Getter gewinnt. Sie rekrutieren jemanden, der andere Leute rekrutiert, um in Ihrem Namen Werbung zu machen. Sie bekommen jeden Monat mehr Lead-Getter. Sie mussten nur *einmal* arbeiten, um den ersten Lead-Getter zu finden, aber seine Leads steigen weiter, ohne dass Sie arbeiten. Sie arbeiten weniger als in Szenario Nr. 3 und erhalten jeden Monat mehr Leads.

Arbeitsaufwand: NIEDRIG. Leads: HOCH. Hebelwirkung: AM HÖCHSTEN.

Jetzt haben Sie das Zeug zu einer 100-Millionen-Dollar-Leads-Maschine.

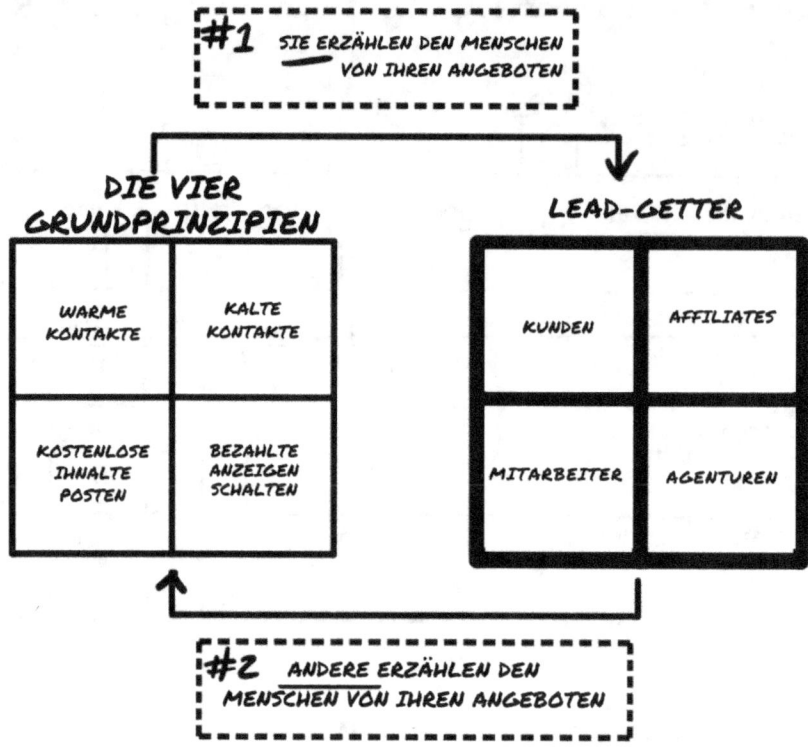

Überblick über den Abschnitt „Lead-Getter"

Die Lead-Getter gehören nicht zu den „vier grundlegenden Werbemethoden", weil sie keine Dinge sind, die Sie selbst tun. Aber um sie zu bekommen, müssen Sie die vier Werbeaktivitäten anwenden. Sobald Sie sie gewonnen haben, erledigen sie das für Sie. Der Prozess wiederholt sich - Lead-Getter können sich Lead-Getter holen!

Lead-Getter fangen als Leads an und werden dann zu engagierten Leads. Der Unterschied ist, dass sie auch andere Menschen dazu bringen, sich für Ihre Angebote zu interessieren. Im Idealfall wird jeder Lead zu einem Lead-Getter.

Die vier Lead-Getter sind:

Nr. 1: Kunden - sie kaufen Ihre Angebote und erzählen dann anderen Leuten davon, um Ihnen Leads zu verschaffen.

Nr. 2: Mitarbeiter - Menschen in Ihrem Unternehmen, die Ihnen Leads verschaffen.

Nr. 3: Agenturen - Unternehmen mit Dienstleistungen, die Ihnen Leads verschaffen.

Nr. 4: Affiliates - Unternehmen, die ihrem Publikum von Ihren Produkten erzählen, um Ihnen Leads zu verschaffen.

Alle vier sorgen dafür, dass andere Menschen von Ihren Angeboten erfahren, was eine größere Hebelwirkung hat, als wenn Sie es allein machen. Wenn Sie diese vier Lead-Getter verstehen, können Sie für jedes Unternehmen, das Sie gründen, eine Lead-Getter-Maschine aufbauen.

In diesem Abschnitt erfahren Sie, wie Sie alle vier einsetzen können, welche Unterschiede es gibt, wie Sie mit ihnen arbeiten, wann Sie sie einsetzen sollten, wie Sie am besten vorgehen und wie Sie Fortschritte messen können.

KOSTENLOSES GESCHENK: Bonus für Fortgeschrittene - Bringe Sie andere dazu, es für Sie zu tun

Das war vielleicht eines meiner Lieblingskapitel in diesem Buch. Ich habe so lange gebraucht, um herauszufinden, wie ich alles in einem einfachen Modell zusammenfassen kann. Wenn Sie noch mehr Schulungen dazu wünschen, wie Sie andere dazu bringen, Ihnen Leads zu verschaffen, und wie dies auf die Skalierung angewendet wird, besuchen Sie Acquisition.com/training/leads. Und wie immer können Sie auch den QR-Code scannen, wenn Sie nicht gern tippen.

Nr. 1 Kundenempfehlungen - Mundpropaganda

„Die beste Quelle für neue Arbeit ist die Arbeit auf Ihrem Schreibtisch" - Charlie Munger

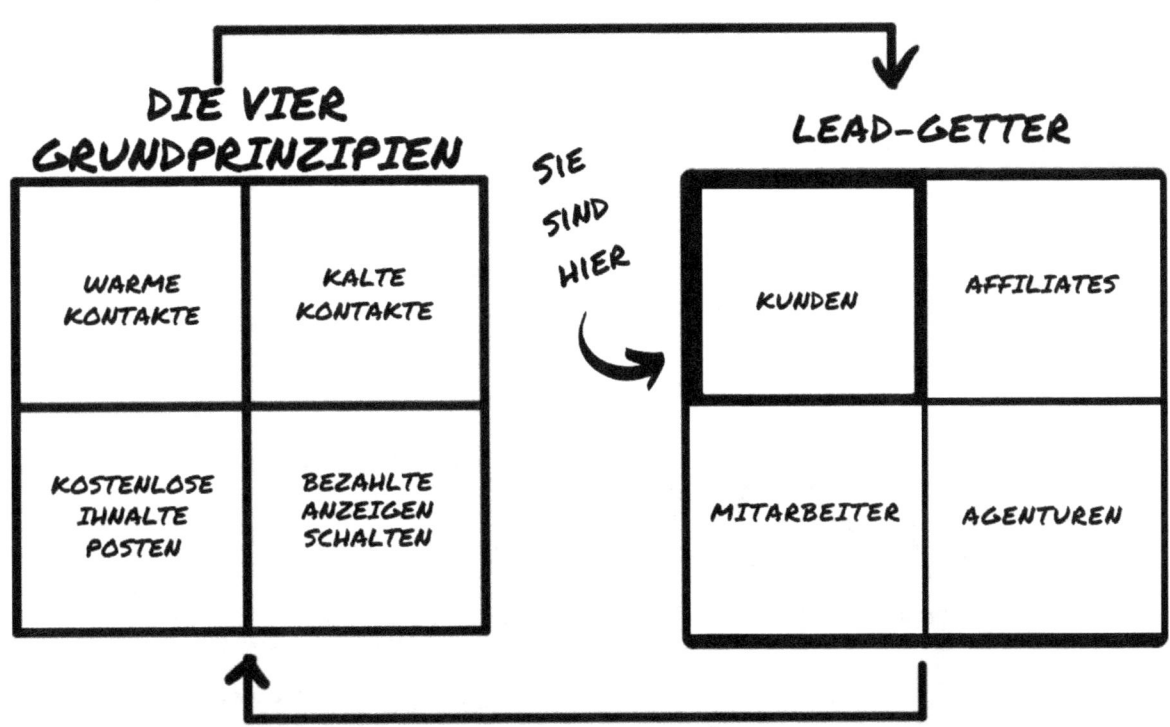

Wie Empfehlungen funktionieren

Eine Empfehlung erfolgt, wenn jemand, ein Empfehlungsgeber, einen engagierten Lead an Ihr Unternehmen schickt. Jeder kann weiterempfehlen, aber die besten Empfehlungen kommen von Ihren Kunden. Daher konzentriert sich dieses Kapitel darauf, mehr Empfehlungen von Ihren Kunden zu erhalten.

Wie Empfehlungen Ihr Geschäft wachsen lassen

Empfehlungen sind wichtig, weil sie Ihr Geschäft auf zwei Arten wachsen lassen:

1) **Sie sind mehr wert (höherer LTGP).** Durch Empfehlungen kaufen die Menschen teurere Sachen und kaufen sie öfter. Sie neigen auch dazu, im Voraus bar zu bezahlen. Schön.

2) **Sie kosten weniger (CAC).** Wenn ein Kunde Ihnen einen anderen Kunden schickt, weil ihm Ihre Angebote gefallen, kostet Sie dieser neue Kunde nichts. Und kostenlose Kunden sind günstiger als Kunden, die Geld kosten. Also kostenlose Kunden = gut.

Hinzu kommt, *dass Empfehlungen exponentiell sind*. Lassen Sie mich das erklären.

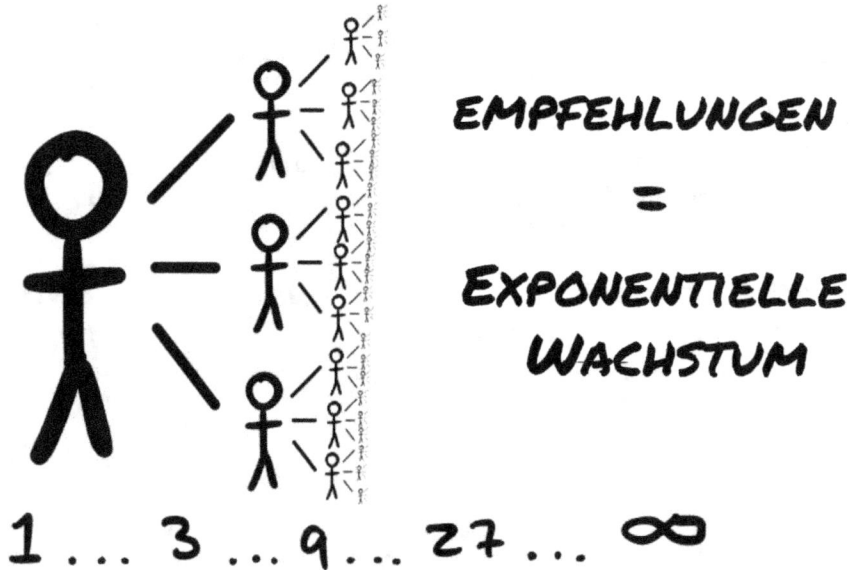

EMPFEHLUNGEN = EXPONENTIELLE WACHSTUM

1 ... 3 ... 9 ... 27 ... ∞

Die Anzahl der engagierten Leads, die Sie aus den vier grundlegenden Werbeaktivitäten bekommen, hängt davon ab, wie oft Sie diese anwenden. Das ist eine ziemlich lineare Beziehung. Aber mit Mundpropaganda können wir noch besser abschneiden - sie ist exponentiell. Ein Kunde bringt zwei, zwei bringen vier, vier bringen acht - und so weiter. Nichts skaliert so wie Mundpropaganda. Sie können das mit der Empfehlungswachstumsgleichung quantifizieren: Durch Empfehlungen gewonnene Kunden (eingehend) minus abgewanderte Kunden (abgehend).

- Wenn die Weiterempfehlungen größer sind als die Abwanderung: Sie wachsen ohne weitere Werbung (Juhu!)

- Wenn die Empfehlungen gleich groß wie die Abwanderung sind: Sie benötigen andere Werbung, um Ihr Geschäft auszubauen (naja)

- Wenn die Weiterempfehlungen geringer ausfallen als die Abwanderung: Sie müssen Werbung schalten, um die Gewinnschwelle zu erreichen (buh – die meisten Leute)

Mit Empfehlungen können Sie Ihr Wachstum aufrechterhalten, *egal wie groß Sie werden*. Auf der anderen Seite kommen kleine Unternehmen kaum über die Runden, weil sie genauso viele Kunden verlieren wie sie gewinnen. Ein Hamsterrad des Todes. Hier ist der Grund dafür ...

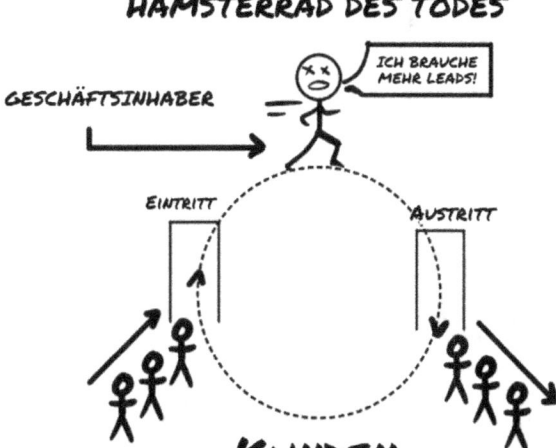

Zwei Gründe, warum die meisten Unternehmen keine Empfehlungen erhalten

Die meisten Unternehmen erhalten aus zwei Gründen keine Empfehlungen. Erstens ist ihr Produkt nicht so gut, wie sie denken. Zweitens fragen sie nicht danach.

Sie verdienen nicht so viel Geld wie Sie sich wünschen, weil Sie nicht so gut sind wie Sie glauben.

Problem Nr. 1: Das Produkt ist nicht gut genug

Wenn Ihr Produkt außergewöhnlich wäre, wüssten die Leute bereits davon und Sie hätten mehr Geschäfte, als Sie bewältigen könnten. Wenn Sie also direkt an Verbraucher verkaufen und diese Ihnen nicht mehr Kunden bringen, besteht bei Ihrem Produkt Raum für Verbesserungen. Ich frage mich gerne: „Warum ist es meinen Kunden zu peinlich, jedem, den sie kennen, von meinem Produkt zu erzählen?" Das meiste, wofür ich bezahle, ist irgendwie Mist. Unternehmer fragen sich, warum sie keine Empfehlungen erhalten. Die Antwort liegt direkt vor ihnen. Sie sind einfach nicht gut genug.

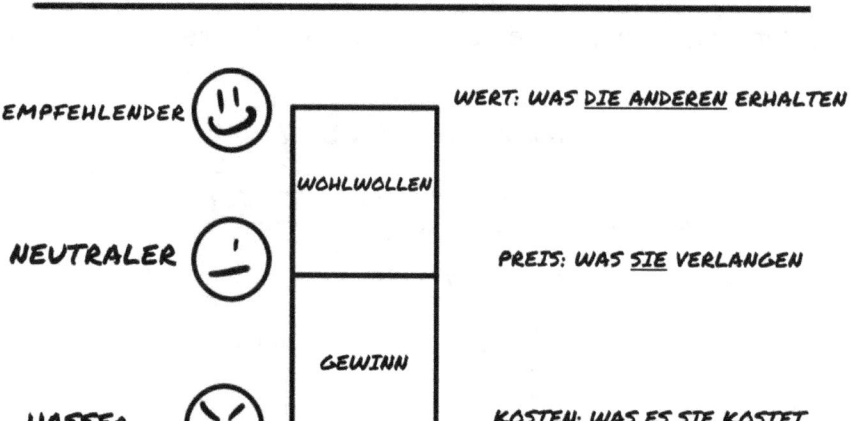

Der Preis ist das, was Sie berechnen. Der Wert ist das, was Ihre Kunden bekommen. *Der Unterschied zwischen Preis und Wert ist das* **Wohlwollen**. Es gibt zwei Möglichkeiten, bei Ihren Kunden Wohlwollen aufzubauen. Sie können Ihren Preis senken oder mehr Wert bieten. Um das Wohlwollen aufzubauen, damit wir von unseren Kunden Empfehlungen erhalten, stellt sich also nicht die Frage, wie wir unseren Preis senken, sondern wie wir mehr Wert bieten können.

Sechs Möglichkeiten, mehr Empfehlungen zu bekommen, indem Sie mehr Wert geben

Es gibt sechs Möglichkeiten, wie ich Empfehlungen erhalte, indem ich mehr Wert biete. Und zufälligerweise stimmen sie mit den Bestandteilen einer Anzeige überein. Prima.

1) Ansprachen → Verkaufen Sie an bessere Kunden

2) Traumergebnis → Setzen Sie bessere Erwartungen voraus

3) Die wahrgenommene Erfolgswahrscheinlichkeit erhöhen → Bringen Sie mehr Menschen bessere Ergebnisse

4) Die Zeitverzögerung verringern → Erhalten Sie schnellere Ergebnisse

5) Den Aufwand und die Opferbereitschaft verringern → Machen Sie Ihre Angebote immer besser

6) Aufforderung zum Handeln (CTA) → Sagen Sie Ihren Kunden, was sie als Nächstes kaufen sollen

WERBEN SIE BESSERE KUNDEN AN

1. Ansprachen → Verkaufen Sie an bessere Kunden: Wir wollen an bessere Kunden verkaufen, weil sie den größten Nutzen aus unseren Produkten ziehen. Kunden, die den größten Nutzen haben, haben das größte Wohlwollen und geben die meisten Empfehlungen.

Übung Nr. 37: Steigern Sie die Qualität Ihrer Kunden und Sie werden die Qualität Ihres Produkts steigern. Finden Sie heraus, was Ihre besten Kunden gemeinsam haben. Nutzen Sie diese Gemeinsamkeiten, um eine neue Zielgruppe anzusprechen, die die größten Chancen hat, den größten Nutzen zu erzielen. Verkaufen Sie dann nur an Menschen, die diese neuen Kriterien erfüllen. Sorgen Sie dafür, dass Sie mehr Wohlwollen aufbauen. Mehr Wohlwollen bedeutet mehr Weiterempfehlungen.

WECKEN SIE BESSERE ERWARTUNGEN

 >

WENIG VERSPRECHEN MEHR LIEFERN   **VIEL VERSPRECHEN WENIG LIEFERN**

2. Traumergebnis → Setzen Sie bessere Erwartungen voraus: Der schnellste, einfachste und billigste Weg, Ihr Produkt bemerkenswert zu machen, ist, es besser zu machen, als die Leute es erwarten. Und das ist einfacher, als Sie vielleicht denken, denn *Sie* legen die Erwartungen fest.

Übung Nr. 38: Senken Sie langsam die Versprechen, die Sie bei Ihren Angeboten machen. Senken Sie sie so lange weiter, bis Ihre Abschlussquote sinkt. An diesem Punkt hören Sie auf. So maximieren Sie die Anzahl der Kunden, die Sie bekommen, *und* das Wohlwollen, das Sie bei ihnen aufbauen. Mehr Kunden und mehr Wohlwollen bedeuten mehr Weiterempfehlungen.

VERSCHAFFEN SIE MEHR MENSCHEN BESSERE RESULTATE

90 % ERFOLGSRATE   **10 % ERFOLGSRATE**

3. Die wahrgenommene Erfolgswahrscheinlichkeit erhöhen → Bringen Sie mehr Menschen bessere Ergebnisse: Finden Sie heraus, was Ihre besten Kunden *tun*, um den größten Nutzen zu erzielen, und helfen Sie anderen Kunden, das Gleiche zu tun. Verfolgen Sie die Aktivitäten Ihrer Kunden und vergleichen Sie die durchschnittlichen Kunden mit den besten.

Übung Nr. 39: Verbessern Sie Ihr Produkt.

1. Befragen Sie Ihre Kunden, um die mit den besten Ergebnissen zu finden.

2. Befragen Sie diese, um herauszufinden, was sie anders gemacht haben.

3. Sehen Sie sich an, welche Aktionen sie gemeinsam hatten.

4. Bringen Sie neue Kunden dazu, diese Aktionen zu wiederholen.

5. Messen Sie die Verbesserung der durchschnittlichen Kundenergebnisse.

6. Passen Sie die Bedingungen Ihrer Garantie an die Maßnahmen an, die die besten Ergebnisse erzielen.

7. Mehr Erfolg. Mehr Wohlwollen. Mehr Weiterempfehlungen.

4. Zeitverzögerung verringern → Erzielen Sie schnellere Gewinne: Ich definiere einen „Gewinn" als jede positive Erfahrung, die ein Kunde macht. Schnellere Erfolge erhöhen ihre Wahrnehmung von Geschwindigkeit, die Wahrscheinlichkeit, dass sie bei Ihnen bleiben, und das Vertrauen, das sie Ihnen entgegenbringen. Damit sich Gewinne schneller anfühlen, sollten Sie ihnen häufiger Gewinne schenken.

Übung Nr. 40: Sorgen Sie für schnellere Gewinne.

1. Liefern Sie kleine Dinge in kürzeren Abständen und nicht alles auf einmal.

2. Teilen Sie so oft wie möglich die Fortschritte mit.

3. Sorgen Sie mit aller Kraft für so viele Gewinne wie möglich in den ersten achtundvierzig Stunden nach dem Kauf.

4. Lassen Sie Ihre Kunden immer wissen, wann sie das nächste Mal von Ihnen hören werden.

5. Erwarten Sie nie, dass die Kunden Ihnen verzeihen – rechnen Sie fünfzig Prozent zu den Zeitplänen hinzu, um früher zu liefern.

FORTLAUFENDER WERT

$.....$.....$.....$.....$.....

5. Aufwand und Opferbereitschaft verringern → Machen Sie Ihr Produkt immer besser: Wenn Kunden weniger Dinge tun, die sie hassen, oder weniger Dinge aufgeben, die sie lieben, um von Ihrem Produkt zu profitieren, haben Sie es verbessert. Ein perfektes Produkt gibt es nicht - Sie können es immer noch besser machen. Je einfacher Sie es Ihren Kunden machen, dass sie davon profitieren, desto mehr Wohlwollen bekommen Sie und desto wahrscheinlicher wird es, dass sie Sie weiterempfehlen.

Übung Nr. 41: Verbessern Sie Ihre Angebote immer weiter.

1. Identifizieren Sie das häufigste Problem anhand von Kundendienstdaten, Umfragen und Bewertungen.

2. Finden Sie Ihre Lösung heraus und holen Sie sich Feedback von erfolgreichen Kunden.

3. Verbessern Sie Ihr Produkt auf der Grundlage von Feedback.

4. Testen Sie die neue Version mit einer kleinen Gruppe von Kunden, die Probleme haben.

5. Holen Sie die nächste Runde Feedback ein; bringen Sie das verbesserte Produkt auf den Markt, wenn das Problem gelöst ist, oder kehren Sie andernfalls zu Schritt 2 zurück.

6. Gehen Sie zum nächsthäufigsten Problem und wiederholen Sie die Schritte.

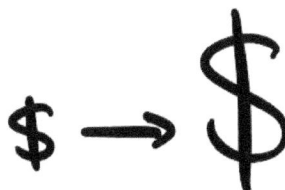

6. Aufforderung zum Handeln (Call To Action) → Sagen Ihren Kunden, was sie als nächstes kaufen sollen: Wenn Sie ein tolles Produkt haben, wollen Ihre Kunden mehr. Sie müssen ihre Kauflust befriedigen, sonst kaufen sie *bei einem anderen Anbieter*. Verkaufen Sie ihnen wieder etwas - entweder etwas Neues oder mehr von dem Angebot, das sie gerade gekauft haben. Das bringt Ihnen mehr Wohlwollen und verlängert die Einnahmen durch den Kunden.

Übung Nr. 42: Behandeln Sie jeden Kunden so, als wäre es das erste Mal, dass Sie ihm etwas verkaufen. Machen Sie Ihr nächstes Angebot noch verlockender als Ihr erstes. Erinnern Sie Ihre Kunden nach jedem großen Gewinn daran, mehr zu kaufen. Mehr Dinge zu kaufen bedeutet mehr Möglichkeiten, noch mehr Wert zu schaffen. Mehr Wert bedeutet mehr Wohlwollen. Und mehr Wohlwollen bedeutet mehr Weiterempfehlungen.

Eine Frage, um sie alle zu beherrschen

Lassen Sie uns diese sechs Schritte in einem Gedankenexperiment zusammenfassen. Ich ermutige Sie, es mit Ihrem Team auszuprobieren. Hier ist es: *Sie haben alle Ihre Kunden verloren, bis auf einen. Die Götter der Werbung verbieten Ihnen, die vier grundlegenden Aktivitäten zu tun, und verfügen:*

1) *Alle Kunden müssen von diesem einen Kunden stammen.*

2) *Verstoßen Sie gegen unsere Bedingungen, werden wir Ihr Unternehmen zerstören.*

Wie würden Sie diesen Kunden behandeln? Was würden Sie tun, um seine Erfahrung so wertvoll zu machen, dass er alle seine Freunde schicken würde? Welche Ergebnisse würde er benötigen? Wie würde sein Onboarding aussehen? Für welchen Kundentyp würden Sie sich entscheiden??

Übung Nr. 43: Denken Sie darüber nach. Schreiben Sie es auf. *Ihr Unternehmen* hängt davon ab. Dann ... *tun Sie es :)*

Art des Kunden? _____

Ergebnisse? _____

Onboarding? _____

Andauernde Kundenerfahrung? _____

_____

Empfehlungen: Fragen Sie danach

Wissen Sie, warum Unternehmen im Vergleich zu dem, was sie haben könnten, so wenige Empfehlungen haben? Sie fragen nie danach.

<u>Sieben Wege, um Empfehlungen zu bitten</u>

Ein Empfehlungsprogramm besteht aus drei Komponenten: Wie Sie den Anreiz geben, womit Sie Anreize setzen und wie Sie fragen. Hier sind die sieben Kombinationen, die für mich am besten funktioniert haben:

1) **Einseitiger Empfehlungsvorteil:** Sie zahlen Ihre durchschnittlichen CAC an den Empfehlungsgeber oder den Freund.

2) **Zweiseitige Empfehlungsvorteile:** Die CAC werden an beide Parteien gezahlt, aufgeteilt zwischen Empfehlungsgeber und Freund.

3) **Bitten Sie direkt beim Kauf um eine Empfehlung:** Erfragen Sie die Namen und Telefonnummern potenzieller Empfehlungsgeber beim Kauf.

4) **Fügen Sie Empfehlungen als Verhandlungschip hinzu:** Bieten Sie Rabatte an, wenn man Sie Freunden vorstellt.

5) **Empfehlungsaktionen:** Führen Sie zeitlich begrenzte Aktionen durch, bei denen man für das Werben von Freunden belohnt wird.

6) **Fortlaufende Empfehlungsprogramme:** Bewerben Sie immer wieder die Vorteile, die es mit sich bringt, etwas mit anderen zu unternehmen.

7) **Freischaltbare Empfehlungsboni:** Erstellen Sie Boni für Leute, die Empfehlungen aussprechen und Bewertungen hinterlassen.

Je verrückter Sie Ihr Angebot machen, desto mehr Leute werden es weiterempfehlen. Wenn Sie möchten, dass sie Sie weiterempfehlen, machen Sie es so gut, dass es dumm wäre, abzulehnen.

Übung Nr. 44: Wählen Sie eine Empfehlungsstrategie. Informieren Sie Ihre Kunden darüber.

Kombinieren Sie Empfehlungsstrategien, um mehr Empfehlungen zu bekommen

Beispielkombination.

Schenken Sie jedem Kunden einen Gutschein für ein Drittel der Programmkosten. Sagen Sie den Kunden, dass sie ihn einem Freund schenken können, wenn dieser sich bei ihnen anmeldet. Geben Sie dem Gutschein eine Ablauffrist innerhalb von sieben bis vierzehn Tagen ab dem Datum, an dem Sie ihn ausgegeben haben. Dadurch werden die Kunden sozusagen gezwungen, diesen zu verwenden. Es verschafft dem Empfehlungsgeber einen Gewinn an Status, wenn er den Gutschein seinem Freund gibt. Anstatt zu sagen „Hey, nimm an meinem Programm teil und erhalte 2.000 $ Rabatt", sagt er: „Ich habe diesen Gutschein für 2.000 $ bekommen. Willst du ihn? Ich möchte ihn nicht verfallen lassen." Das wird als eine viel größere Sache angesehen, sowohl für ihn als auch für Sie.

Sie können mit dieser Taktik immer noch die Drei-Wege-Einführung nutzen. Senden Sie dann per SMS ein Bild des Gutscheins. Es gibt Bonuspunkte, wenn Sie den Namen des Freundes darauf schreiben, bevor Sie das Bild per SMS verschicken. Es wirkt persönlich und gibt Ihnen einen berechtigten Grund, nach dem Namen des Freundes zu fragen (Zwinker-Smiley).

PS: Sie können die Gutscheine auch zu 90 Prozent günstiger als käufliche Geschenke verkaufen (nur für Freunde von Kunden). Der Empfehlungsgeber scheint viel Geld ausgegeben zu haben und Sie werden dafür bezahlt, neue Kunden zu gewinnen. Ich kann mir kaum eine bessere Möglichkeit vorstellen, Geld zu verdienen. Auch hier ist die einzige Grenze Ihre Kreativität.

Übung Nr. 45: Tun Sie es. Ermitteln Sie den Prozentsatz Ihrer Empfehlungen und Abwanderungen, um eine Grundlage zu schaffen. Führen Sie die sechs „Wertschätzung"-Schritte durch, um Wohlwollen aufzubauen. Nutzen Sie dann dieses Wohlwollen, indem Sie eine oder mehrere der sieben Möglichkeiten nutzen, um Empfehlungen zu bitten.

Als Nächstes ...

Um unsere Anzeigen zu skalieren, brauchen wir Hilfe. Sie werden sie brauchen, wenn Sie das *große Geld* machen wollen. Daher geht es als Nächstes um Ihre Mitarbeiter ...

KOSTENLOSES GESCHENK: BONUS – Kundenempfehlungs-Rausch

Wenn Sie mehr darüber erfahren möchten, wie Sie die größte Hebelwirkung und die profitabelste Art und Weise nutzen, um Kunden zu gewinnen, habe ich eine Schulung speziell für Sie erstellt. Sie können sie hier kostenlos erhalten: Acquisition.com/training/leads. Und wie immer können Sie auch den QR-Code scannen, wenn Sie nicht gern tippen.

Nr. 2 Mitarbeiter

„Wenn du schnell gehen willst, geh allein. Wenn du weit gehen willst, geh zusammen"- Afrikanisches Sprichwort

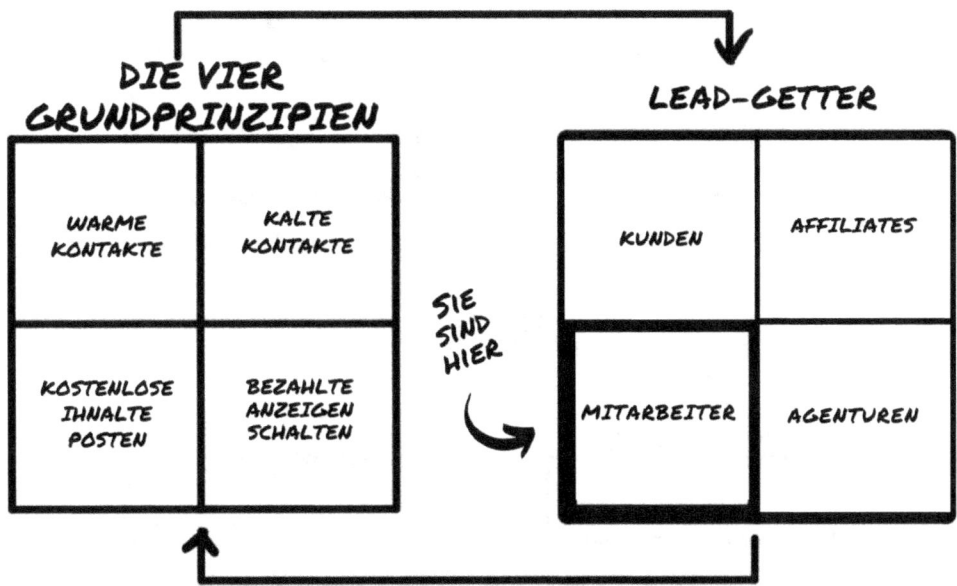

Wie Mitarbeiter Ihnen Leads verschaffen

Mitarbeiter, die Leads gewinnen, sind Menschen, die in Ihrem Unternehmen arbeiten und von Ihnen geschult werden, um Ihnen Leads zu verschaffen. Sie können Anzeigen schalten, Inhalte erstellen und posten und Öffentlichkeitsarbeit machen - jede Art von Werbung, für die Sie sie ausbilden. Mehr Mitarbeiter, die als Lead-Getter fungieren, bedeuten mehr engagierte Leads für Ihr Unternehmen und weniger Arbeit für Sie.

<u>Fazit:</u> Mitarbeiter bilden ein voll funktionsfähiges Unternehmen, das auch ohne Sie wächst.

Wie Sie Mitarbeiter-Leads erhalten: Die internen vier Grundprinzipien

Erinnern Sie sich an die vier Grundprinzipien? Nun, sie funktionieren auch, um Mitarbeiter zu gewinnen. Stellen Sie sich das vor. Indem Sie den Rahmen von „Informieren Sie potenzielle Kunden über Ihre Produkte" zu „Informieren Sie potenzielle Mitarbeiter über Ihre Produkte" ändern, wird daraus sofort etwas, von dem Sie bereits wissen, wie man es macht. Mitarbeiter sind einfach andere Leute, die Sie über Ihre Produkte informieren. Sie tun also das Gleiche!

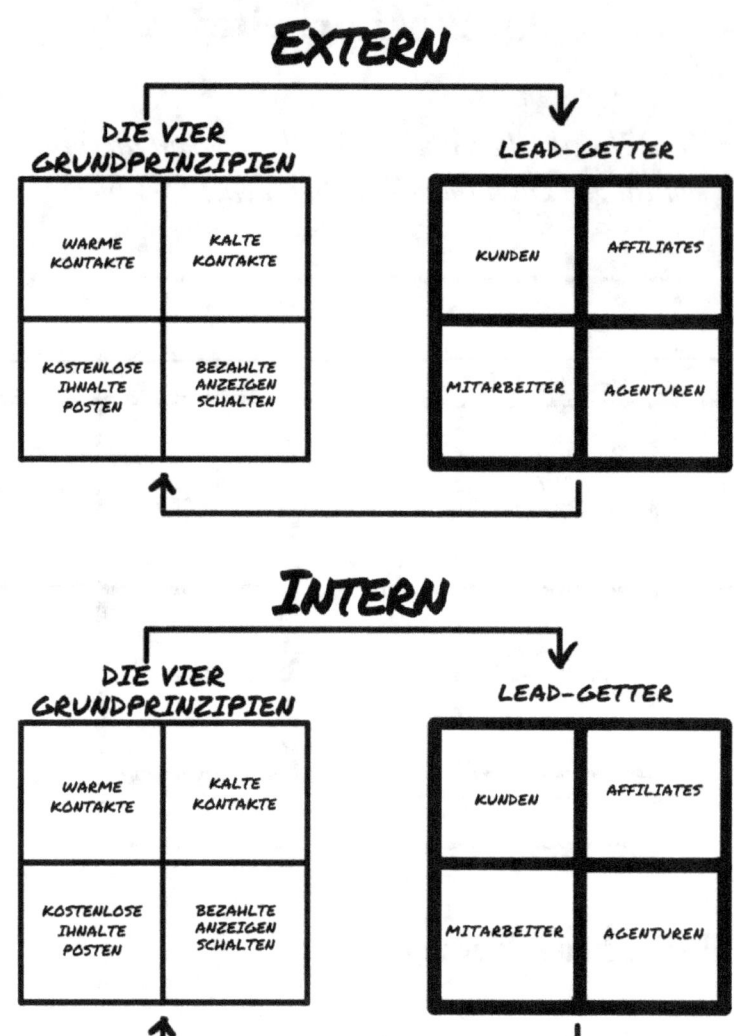

Ordnen Sie die Aktionen zur Gewinnung von Mitarbeitern den Aktionen zur Gewinnung von Kunden zu. Es ist das Gleiche!

Kunden → Mitarbeiter

Warme Kontaktaufnahme	→	Ihr Netzwerk kontaktieren
Kaltakquise	→	Recruiting
Inhalte poste	→	Stellenangebote ausschreiben
Bezahlte Werbeanzeigen	→	Stellenangebote bewerben
Kundenempfehlungen	→	Mitarbeiterempfehlungen
Affiliates	→	Verbände, Innungen, Listenserver usw.
Agenturen	→	Personaldienstleister usw.
Beschäftigte	→	Beschäftigte (unverändert)

Die Art und Weise, wie Sie Mitarbeiter-Leads und deren Lead-Getter erhalten, entspricht der Art und Weise, wie Sie Kunden-Leads und *deren* Lead-Getter erhalten. Und so, wie Sie einen zuverlässigen Prozess zur Kundengewinnung schaffen, können Sie auch einen zuverlässigen Prozess zur Mitarbeitergewinnung schaffen. Und für die Skalierung benötigen Sie beides.

Wie Sie Mitarbeiter dazu bringen, Ihnen Leads zu verschaffen

Jetzt stellen Sie jemanden ein, der Sie jeden Monat Geld kostet. Sorgen Sie dafür, dass Sie es zurückbekommen, und zwar so schnell wie möglich. Wenn Sie sich keine Leute leisten können, die bereits wissen, wie man Leads bekommt, ist Ihre nächstbeste Option, sie zu schulen. Gehen Sie bei der Schulung mit diesem 3D-Modell vor: Dokumentieren, Demonstrieren, Duplizieren.

Schritt Eins - Dokumentieren: *Erstellen Sie eine Checkliste.* Schreiben Sie die Schritte genau so auf, wie Sie sie machen. Nehmen Sie sich vor, die Sache auf mehrere Arten und in mehreren Schichten zu erledigen. Können Sie gute Arbeit leisten, wenn Sie lediglich Ihre Anweisungen genau befolgen? Wenn ja, haben Sie den ersten Entwurf für Ihre Checkliste.

Übung Nr. 46: Erstellen Sie Ihre Checkliste. Befolgen Sie Ihre eigenen Anweisungen. Schauen Sie, ob es funktioniert. Passen Sie die Checkliste so lange an, bis Sie das Ergebnis *nur noch* nach der von Ihnen erstellten Checkliste bekommen.

Schritt zwei - Demonstrieren: *Machen Sie es vor ihnen.* Führen Sie sie Schritt für Schritt durch die Checkliste. Passen Sie Ihre Checkliste an, wenn sie Sie aufhalten oder verlangsamen, um etwas zu verstehen.

Schritt Drei - Duplizieren: *Sie machen es vor Ihnen.* Lassen Sie sie dieselbe Checkliste befolgen, die Sie befolgt haben. Korrigieren Sie Ihre Checkliste, bis sie richtig ist. Dann sollen sie ihr folgen, bis sie es richtig machen.

Nachdem Sie Ihre ersten Mitarbeiter geschult haben, haben Sie die Knackpunkte für diesen Job herausgearbeitet. Wenn Sie morgen verschwinden würden, könnte ein Fremder die Ergebnisse erzielen, die Sie erzielen, wenn er nur Ihre Checkliste befolgt? Das ist das Maß an Klarheit, das Sie anstreben sollten. Einige hilfreiche Hinweise zur Ausbildung:

- Wenn sie es falsch verstehen oder verwirrt sind, haben wir es falsch verstanden oder verwirrend gemacht.

- Wenn sie es erst nach langen Erklärungen „kapieren", haben wir noch einiges zu tun.

- Es gibt einen Unterschied zwischen Kompetenz und Leistung. Manchmal brauchen sie einfach nur Übung.

- Konzentrieren Sie sich mehr auf ihre Fähigkeit, den Anweisungen zu folgen, als auf das Ergebnis.

- Lassen Sie sie wissen, wenn sie einen Schritt erfolgreich ausgeführt haben.

- Wenn sie die Anweisungen genau befolgen und das falsche Ergebnis erhalten, loben Sie sie und korrigieren Sie die Checkliste.

- Vermeiden Sie Bestrafung während des Trainings. Belohnen Sie gute Dinge, von denen Sie wollen, dass sie sie mehr tun.

- Geben Sie Feedback, einen Schritt nach dem anderen.

- Trainieren Sie das Team neu, wenn die normale Leistung stark abweicht.

- Sobald das Training bei neuen Auszubildenden funktioniert, verkürze ich mein Zeitfenster für die Leistungsbeurteilung.

Wie man die Rendite von Lead-gewinnenden Mitarbeitern berechnet

Abgesehen von bezahlten Anzeigen basieren die Kosten für die Werbung mit Angestellten fast ausschließlich auf der Lohnsumme. Wir vergleichen, wie viel wir für Gehälter ausgeben und wie viel Geld die engagierten Leads einbringen. Berechnen Sie die Kosten pro engagierten Lead und multiplizieren Sie sie dann mit der Anzahl der engagierten Leads, die nötig sind, um einen Kunden zu gewinnen, um die CAC zu erhalten. Vergleichen Sie die CAC mit dem LTGP, um Ihr Verhältnis LTGP:CAC zu bekommen.

So erkennen Sie, auf welche Mitarbeiter Sie sich konzentrieren sollten, um die Rendite zu maximieren

Wenn Ihre Kosten, um einen Kunden zu gewinnen, innerhalb des dreifachen Branchendurchschnitts liegen, sind Sie *gut genug*. Dann können Sie sich darauf konzentrieren, Ihren LTGP zu erhöhen. Wenn Ihre CAC mehr als das Dreifache des Branchendurchschnitts betragen, haben Sie ein Verkaufs- oder Werbeproblem. Stellen Sie die Diagnose anhand dieser

Frage: *Haben meine engagierten Leads das Problem, das ich lösen kann, und das nötige Geld, das sie dafür ausgeben können?*

- Wenn nein, dann sind sie nicht qualifiziert - das ist ein Werbeproblem.

- Wenn ja, dann sind sie qualifiziert und:

   ◦ Sie kaufen, aber Sie haben nicht genug von ihnen - ein Werbeproblem.

   ◦ Sie sind qualifiziert, aber kaufen nicht - ein Verkaufsproblem.

Stellen Sie sicher, dass Sie jene Leute umschulen oder neu einstellen, die dem eigentlichen Problem am nächsten sind.

Der nächste Lead-Getter ...

Die nächste Station auf unserer Werbereise führt uns zu Agenturen. Ich nutze sie, um meinen Weg abzukürzen, *alles* zu lernen.

KOSTENLOSES GESCHENK: BONUS-TUTORIAL - Aufbauen oder kaufen - Die Talent-Roadmap

Je länger ich Geschäfte mache, desto mehr frage ich „wer" anstatt was und wie. Diese Schulung ist möglicherweise eine der taktischsten und wichtigsten, denn egal, was Sie aufbauen möchten, Sie werden Hilfe brauchen. Da es so wichtig ist, habe ich eine Schulung erstellt, in der dieser Inhalt ausführlicher dargelegt wird und die einige Downloads usw. enthält. Sie können sie kostenlos unter Acquisition.com/training/leads ansehen. Wie immer können Sie auch den QR-Code scannen, wenn Sie ungern tippen.

Nr. 3 Agenturen

„Alles ist zu verkaufen"

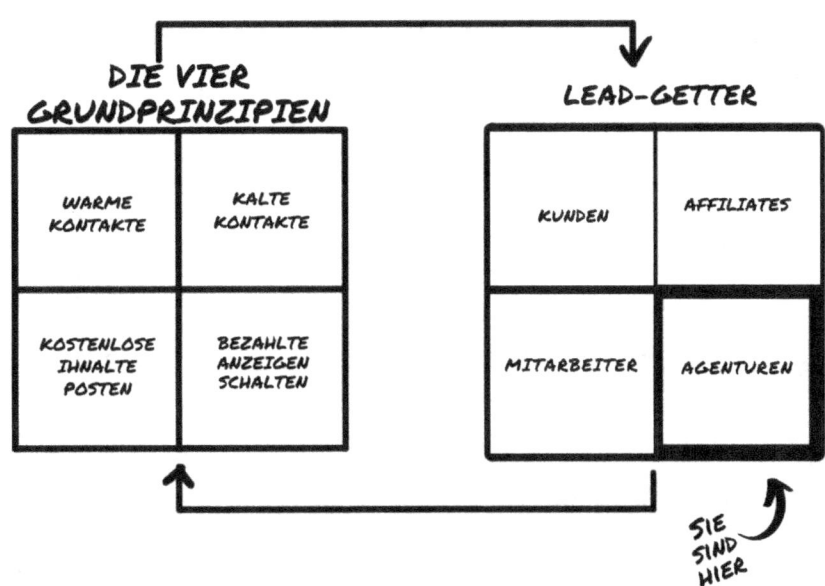

Gute Agenturen kosten Geld, wenn Sie also kein Geld haben, kommen sie nicht in Frage. Wenn Sie aber etwas Geld haben, sollten Sie Agenturen nutzen, um neue Methoden und Plattformen kennenzulernen. Ich beauftrage Agenturen, die neue Wege für Inhalte, Öffentlichkeitsarbeit oder bezahlte Werbung anbieten, weil sie die großen Fehler bereits gemacht haben. Ich nehme auch Agenturen in Anspruch, wenn ich auf einer Plattform werben will, die ich nicht verstehe. Wenn Sie eine Agentur beauftragen, geht es darum, in wichtige Fähigkeiten zu investieren, die Sie nirgendwo anders lernen können, ohne Zeit und Aufmerksamkeit zu verlieren, die Sie für andere wichtige Dinge verwenden können, die Ihr Unternehmen voranbringen. In diesem Kapitel wird die Beauftragung einer Agentur in zwei Schritte unterteilt:

1) Wie ich jetzt Agenturen nutze. Und wie Sie das auch können.

2) Wie man die richtige Agentur findet.

Wie ich jetzt Agenturen nutze. Und wie Sie das auch können.

So nutze ich jetzt Agenturen. Anstatt der Lüge zu glauben, dass „ich das Zeug nie lernen muss, weil sie es können", beginne ich jede Agenturbeziehung mit einem Ziel und einer Frist, um es zu erfüllen. Ich eröffne mit den Worten:

„Ich möchte das tun, was Sie in meinem Geschäft tun, aber ich weiß nicht wie. Ich möchte 6 Monate lang mit Ihnen zusammenarbeiten, damit ich lernen kann, wie Sie es machen. Außerdem bezahle ich einen Aufpreis dafür, dass Sie aufschlüsseln, warum Sie die Entscheidungen treffen, die Sie treffen, und welche Schritte Sie unternehmen, um sie zu treffen. Wenn ich dann eine gute Vorstellung davon habe, wie das Ganze funktioniert, fange ich an, mein Team darin zu schulen. Und sobald mein Team es gut genug kann, würde ich gerne zu einer kostengünstigeren Beratungsvereinbarung wechseln. So können Sie uns auch bei Problemen weiterhelfen. Sind Sie dagegen?"

Meiner Erfahrung nach sind die meisten Agenturen nicht abgeneigt, Ihnen ihre Methoden beizubringen. Seien Sie bereit zu verhandeln. Zu einem gewissen Preis lohnt es sich für Sie beide.

Wenn Sie Ihre Absichten offen darlegen und die Agentur zustimmt, erzielen Sie kurzfristig bessere Ergebnisse, weil die Agenturen wahrscheinlich mehr wissen als Sie, und langfristig bessere Ergebnisse, weil Sie lernen, es selbst zu tun, oder Ihr Team lernt, es für Sie zu tun. Außerdem verbringen Sie so viel Zeit wie möglich mit ihren besten Vertretern.

Denken Sie daran, dass Sie nur einen Bruchteil der Aufmerksamkeit der Agentur erhalten, sodass die Ergebnisse schlechter werden, wenn diese neue Kunden gewinnt. In der Zwischenzeit wird Ihr Team immer besser, weil es sich voll und ganz auf Sie konzentriert. Vergleichen Sie also die Ergebnisse Ihres Teams mit denen der Agentur, bis Sie sie schlagen. Kündigen Sie dann die Geschäftsbeziehung und stecken Sie das Geld in die Skalierung von allem, was Sie gerade gelernt haben.

Übung Nr. 47: Nutzen Sie das obige Skript als Leitfaden, um die Bedingungen und Fristen festzulegen, wenn Sie mit den Agenturen sprechen. Seien Sie bereit, ein bisschen zu verhandeln, damit es klappt.

Wie man die richtige Agentur findet

Nachdem ich mit vielen schlechten und einer Handvoll guter Agenturen gearbeitet hatte, erstellte ich eine Liste mit den Gemeinsamkeiten aller guten Agenturen:

1) Jemand, den Sie kennen, hat gute Ergebnisse mit ihnen erzielt.

2) Namhafte Unternehmen haben bei der Zusammenarbeit mit ihnen gute Ergebnisse erzielt.

3) Sie haben eine Warteliste.

4) Sie haben einen klaren Verkaufsprozess, der realistische Erwartungen setzt.

5) Sie konzentrieren sich auf langfristige Strategien, nicht auf kurzfristige Hacks.

6) Sie sagen Ihnen genau, was sie von Ihnen brauchen und wie sie es nutzen werden.

7) Sie schlagen regelmäßige Treffen vor und bieten verschiedene Möglichkeiten, Sie über die Fortschritte zu informieren.

8) Sie stellen Aktualisierungen in einfachen Worten bereit und verfügen über klare Möglichkeiten, die Kosten mit den Ergebnissen zu vergleichen.

9) Sie machen ein gutes Angebot:

   • Das Traumergebnis stimmt mit Ihren Wünschen überein.

   • Sie legen dar, wie vielen ähnlichen Kunden sie geholfen haben.

   • Sie stellen klare Zeitvorgaben bereit.

   • Sie erklären, welche Anstrengungen und Opfer sie von Ihnen verlangen.

10) Sie sind teuer. Alle guten Agenturen sind teuer ... aber nicht alle teuren Agenturen sind gut.

> **Übung Nr. 48: Wählen Sie Ihre Agentur aus.** Wenn eine Agentur diese Kriterien erfüllt, ist sie eine Überlegung wert. Sprechen Sie mit ein paar weiteren, bevor Sie sich entscheiden, auch wenn sie Ihren Bedingungen zustimmen. Vergleichen Sie sie anhand der obigen Checkliste und wählen Sie dann die beste Agentur für Sie aus.

Fazit

Auch wenn dies nicht das „traditionelle" Agenturmodell ist, profitieren *beide* Unternehmen davon. Sie gewinnen einen Kunden, den sie sonst nicht hätten. Und wir bekommen die Fähigkeit, lebenslang Geld zu verdienen. Eine Win-Win-Situation.

Nächste Schritte:

1) Entscheiden Sie, ob die Nutzung einer Agentur für Sie jetzt sinnvoll ist.

2) Sprechen Sie mit vielen Agenturen, um ein Gefühl für den Markt zu bekommen. Fühlen Sie sich nicht minderwertig.

3) Nutzen Sie den von mir beschriebenen Vereinbarungsrahmen.

4) Legen Sie eine klare Frist fest, um Sie (und Ihr Team) zum Erlernen der Fähigkeiten zu bewegen.

5) Setzen Sie beide Teams ein, bis Ihr Team deren Team regelmäßig schlägt.

6) Wechseln Sie zu vergünstigter Beratung, bis Sie das Gefühl haben, dass Sie ihnen etwas beibringen, anstatt dass sie es Ihnen beibringen … und trennen Sie sich dann von ihnen.

Nachdem wir nun wissen, wie wir von der risikoreichen Welt der Agenturen profitieren können, erkunden wir den Lead-Getter, der mir das meiste Geld eingebracht hat. Wir rekrutieren eine Armee von Unternehmen, die uns noch mehr Leads verschaffen können - *Affiliates*.

KOSTENLOSES GESCHENK: Worauf Sie bei einer Checkliste für eine Agentur achten sollten

Wenn Sie wissen möchten, wie Sie Agenturen am besten nutzen, anstatt von ihnen ausgenutzt zu werden, habe ich eine kostenlose Schulung für Sie erstellt. Sie können sie kostenlos ansehen unter: Acquisition.com/training/leads. Sie enthält Swipe-Dateien und einige andere Extras. Wie immer können Sie auch den QR-Code scannen, wenn Sie nicht gern tippen.

Nr. 4 Affiliates und Partner

„Nichts macht Freunde wie Geld"

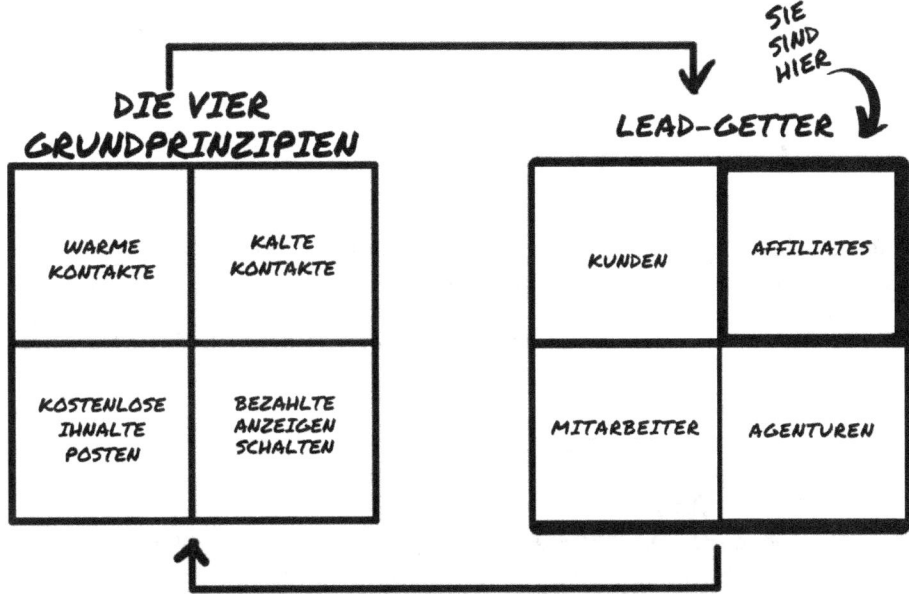

Wie Affiliates funktionieren

Ein **Affiliate** ist ein Lead-Getter. Er ist ein unabhängiges Unternehmen, das seinem Publikum sagt, es solle *Ihre* Angebote kaufen. Affiliate-Partner wirken nach außen wie Empfehlungen, doch hinter den Kulissen sind sie ganz anders. Erstens haben sie ihr eigenes Unternehmen und machen ihre eigene Werbung. Zweitens erklären sie sich damit einverstanden, *Ihre* Angebote *ihren* engagierten Leads gegen Geld, kostenlose Inhalte oder beides vorzustellen.

Sie gewinnen Partner, indem Sie Werbung machen und ihnen dann Angebote unterbreiten, *genau wie Sie es mit Kunden tun würden*. Aber Affiliates verlangen eine besondere Art von Angebot. Anstatt Ihr Produkt anzubieten, bieten Sie eine schnelle, einfache und unkomplizierte Möglichkeit, Provisionen für die Werbung dafür zu verdienen. Und das kann buchstäblich Millionen engagierter Leads für Ihr Unternehmen bedeuten. Das macht einen Affiliate zu einem der Lead-Getter mit der höchsten Hebelwirkung überhaupt.

Warum Sie eine Affiliate-Armee wollen

Jeder Affiliate, den Sie gewinnen, fügt einen weiteren *Strom* an Leads und Kunden hinzu. Das Rekrutieren, Aktivieren und anschließende Integrieren in eine Armee von Partnern führen also zu einer wahnsinnigen Skalierung, und zwar schnell. Das ist gut. Das wollen wir.

Vergleichen Sie diese beiden Szenarien:

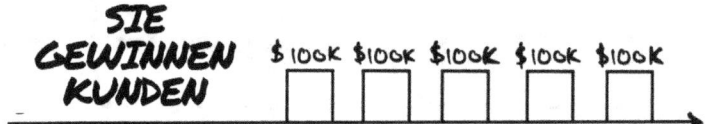

Szenario 1: Sie werben zehn *Kunden* pro Monat im Wert von jeweils 10.000 $ an. Die Obergrenze Ihres Geschäfts liegt bei 100.000 $ pro Monat. In zwölf Monaten haben Sie 1,2 Millionen verdient. Vorausgesetzt, es gibt keine andere Werbung, *stagniert* Ihr Geschäft. Niedrige Hebelwirkung.

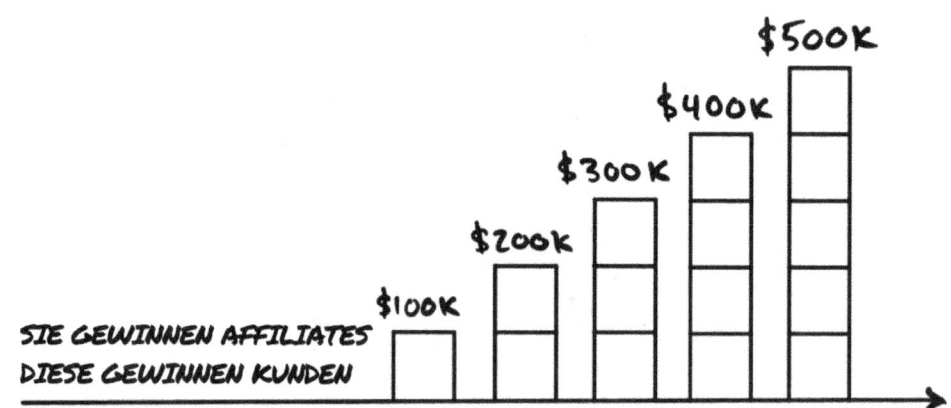

Szenario 2: Mit dem gleichen Aufwand werben Sie zehn *Affiliates* pro Monat an. Jeden Monat bringen Ihnen diese Partner *einen* dieser 10.000-$-Kunden. Jetzt fügen Sie jeden Monat einen zusätzlichen Umsatz von 100.000 $ hinzu. In zwölf Monaten haben Sie *7,8 Millionen* verdient. Und *danach* wächst es *jeden Monat*. Gleiche Arbeit, mehr Geld. Hohe Hebelwirkung.

Wie man eine Affiliate-Armee in sechs Schritten aufbaut

<u>Schritt 1</u>: Finden Sie Ihre idealen Affiliates.

<u>Schritt 2</u>: Machen Sie ihnen ein Angebot.

<u>Schritt 3</u>: Qualifizieren Sie sie.

<u>Schritt 4</u>: Bezahlen Sie sie angemessen.

<u>Schritt 5</u>: Bringen Sie sie dazu, zu werben.

<u>Schritt 6</u>: Sorgen Sie dafür, dass sie weiter werben.

Das ist alles. Lassen Sie uns eintauchen.

Schritt 1: Finden Sie Ihren idealen Affiliate

Der ideale Affiliate hat ein Unternehmen mit einem warmen Publikum voller Menschen wie Ihren Kunden. Beginnen Sie mit der Erstellung einer Liste dieser Unternehmen. Wenn Ihnen keines einfällt, beantworten Sie diese Fragen <u>zu Ihren besten Kunden</u>:

Was kaufen sie? → Wer stellt die Angebote zur Verfügung?

Wohin gehen sie? → Welche Unternehmen gibt es in der Umgebung?

Was machen sie gerne? → Wer bietet diese Dienstleistungen an?

Wenn Sie sich direkt an den Verbraucher wenden, könnten die Arbeitgeber Ihrer Verbraucher großartige Partner sein:

Für welche Art von Unternehmen arbeiten sie? Was für Jobs haben sie?

Kurz gesagt ... *Wer hat meine Leads!?*

Übung Nr. 49: Erstellen Sie ein Papier mit jeder dieser Fragen und Kategorien. Diese Liste sollte ein paar Seiten lang sein. Suchen Sie online, um sie auszufüllen. Wenn Sie Schwierigkeiten haben, rufen Sie Ihre Kunden an und fragen Sie sie! <u>Endergebnis</u>: Erstellen Sie eine Lead-Liste Ihrer besten potenziellen Partner.

Schritt 2: Machen Sie ihnen ein Angebot

Wir machen das Affiliate-Angebot und bewerben es wie jedes andere Angebot, indem wir unsere Zielgruppe ansprechen, unsere Wertelemente aufzeigen und sie dann zum Handeln auffordern. Da es sich bei Partnern um Unternehmen handelt oder sie durch eine Anmeldung ein Unternehmen gründen, bieten Sie ihnen eine neue Möglichkeit, Geld zu verdienen.

Ansprache:

In den Call outs für potenzielle Partner werden oft angesprochen:

- Die Partnerunternehmen selbst - *ACHTUNG SPA-BESITZER*

- Die Kunden des Partnerunternehmens - *Arbeiten Sie mit vielbeschäftigten Fachleuten zusammen, die den ganzen Tag in Besprechungen verbringen?*

- Ergebnisse, die Partnerunternehmen versprechen - *An die Helden, die den Stress anderer heilen ...*

- Produkte und Dienstleistungen, die die Partner anbieten - *Wenn Sie Lotionen oder Duftöle verkaufen, ist dies das Richtige für Sie ....*

- An unsere eigenen Kunden - *Kennen Sie jemanden, der ein Spa besitzt?*

Nachdem wir nun die Aufmerksamkeit eines potenziellen Partners erregen können, sorgen wir dafür, dass es sich für ihn lohnt.

Übung Nr. 50: Wählen Sie Ihren Call out aus und füllen Sie die Felder unten aus, um Ihr Angebot zu vervollständigen.

*Verdienen Sie mehr Geld mit Ihren bestehenden Kunden und erhalten Sie mehr Leads als Ihr aktuelles Angebot (**Traumergebnis**)*

---

*... mit einer hohen Erfolgschance, da Ihre Kunden das Produkt bereits wollen (**wahrgenommene Erfolgswahrscheinlichkeit**)*

---

*... ohne dass Sie das Produkt selbst entwickeln, ausliefern oder Kundenbetreuung leisten müssen (**Anstrengung und Opfer**)*

---

*... damit Sie morgen mit dem Verkauf beginnen können **(Zeitverzögerung).***

_____

_____

Schritt 3: Qualifizieren Sie sie

Potenzielle Partner werden zu echten Partnern, wenn sie Ihre Bedingungen verstehen und ihnen zustimmen. Und - genau wie bei Kunden - möchten wir ihnen so schnell wie möglich den ersten Gewinn bescheren. Deshalb haben wir unsere Bedingungen so gestaltet, dass sie so schnell wie möglich gewinnen. Ich bringe sie dazu, ihre Zeit, ihr Geld und in das Produkt selbst zu investieren. Hier sind zwei Möglichkeiten, wie ich Partner dazu bringe, zu investieren und zu gewinnen:

Methode Nr. 1: Machen Sie sie zu Kunden: Bringen Sie sie dazu, das Produkt zu kaufen und vorzugsweise zu benutzen, um den Affiliate-Status zu behalten. Je mehr Geld ein Partner in Ihr Produkt investiert, desto mehr Geld verdient er.

Methode Nr. 2: Machen Sie sie zu Experten: Lassen Sie sie für die Einarbeitung und Schulung zahlen, die sie als Produktexperten ausweist. Das deckt einen Teil der Werbekosten und bedeutet, dass ich mir eine angemessene Einarbeitung und Schulung für jeden Partner leisten kann.

Wie viel sollte man berechnen? Ich empfehle 10-20 % von dem, was der durchschnittliche <u>aktive</u>. Affiliate in den ersten zwölf Monaten verdient. Das ist genug, um Partner zu motivieren, aber nicht so viel, um sie abzuschrecken.

Unterm Strich: Machen Sie Ihre Partner zu Kunden, Experten oder beidem (meine Lieblingsmethode). Wenn Sie nicht genug Leute bekommen, um zu starten, verringern Sie die Verpflichtung. Wenn Sie nicht genug Leute bekommen, um durchzuhalten, erhöhen Sie sie.

Schritt 4: Bezahlen Sie sie angemessen

Das erste größte Problem, das es bei Affiliates zu lösen gilt, besteht darin, sie dazu zu bringen, sich einzukaufen. Das zweitgrößte Problem besteht jedoch darin, *sie eingekauft zu halten*, was davon abhängt, wie Sie sie belohnen. Wenn ich mir überlege, wie ich Affiliates bezahlen kann, achte ich auf zwei grundlegende Dinge: Wofür sie bezahlt werden und wie viel sie bekommen.

1 . Wofür sie bezahlt werden: Ich bezahle Affiliates für neue Kunden und Stammkunden. Sie können sie auch für Schritte bezahlen, bevor jemand zum Kunden wird, z. B. für heruntergeladene Lead-Magneten oder vereinbarte Termine.

2 . Wie viel sie bekommen: Ich schlage vor, dass Sie Ihre Affiliates auf der Grundlage der maximal zulässigen Kosten für die Kundenakquise (CAC) bezahlen. Ich empfehle eine dreistufige Auszahlungsstruktur:

- Stufe 1: 25 % der CAC für alle, die den ersten Bedingungen zustimmen

- Stufe 2: 50 % der CAC, sobald sie aktiviert sind

- Stufe 3: 100 % der CAC, sobald sie ein bestimmtes Leistungsniveau erreicht haben

Diese abgestufte Methode hat einen versteckten profitablen Nebeneffekt: Die durchschnittliche Auszahlung ist viel geringer als Ihre maximal zulässigen CAC, sodass ein „Rest" an Gewinn für Wettbewerbe, Werbung oder Anreize für aufsteigende Stars übrigbleibt.

Übung Nr. 51: Finden Sie heraus, was eine angemessene Bezahlung für Ihre Affiliates ist.

Wofür sie bezahlt werden: _____

Wie viel sie in Stufe 1 bekommen: _____

Wie viel sie in Stufe 2 bekommen: _____

Wie viel sie in Stufe 3 bekommen: _____

Wie oft sie bezahlt werden (wöchentlich, zweiwöchentlich, monatlich) _____

Schritt 5: Bringen Sie sie durch eine Produkteinführung dazu, zu werben

Ebenso wie bei Empfehlungsgebern bestimmt der Wert, den Affiliates von Ihnen erhalten, wie viel sie für Ihre Produkte werben. Behandeln Sie sie also wie Kunden. Geben Sie ihnen schnell etwas Gutes. Und nichts bringt Affiliates mehr Vorteile als große Markteinführungen und jede Menge Geld.

Die Produkteinführung funktioniert so, dass Affiliates Ihren Lead-Magneten oder Ihr Kernangebot bei ihrem Publikum bewerben, bevor dieses es kaufen kann. Ich verwende die „Whisper-Tease-Shout"-Methode für Produkteinführungen (egal welcher Art, nicht nur für Affiliates):

Whisper („Flüstern"): *Denken Sie an „Aufrufe".* Wie bei einer Anzeige ist der Schlüssel zur Flüsterphase die *Neugierde.* Halten Sie das Produkt selbst geheimnisvoll und deuten Sie an, wie groß die Sache ist. Beginnen Sie mit dem „Whispering" (neugierig machen) alle vier bis sechs Wochen, bis Sie noch sechzig Tage haben. Dann „whispern" Sie alle zwei bis drei Wochen, bis Sie noch dreißig Tage haben. Dann fangen Sie mit dem Teasing an …

Tease („Necken"/„Reizen"): *Denken Sie an „Wertelemente".* Jetzt ist es an der Zeit, die Neugierde zu befriedigen, die Sie in der Flüsterphase geweckt haben. Stellen Sie Ihr Produkt vor, geben Sie das Datum der Markteinführung bekannt und fangen Sie an, die Wertelemente *aufzuzeigen.* Verwenden Sie das Was-Wer-Wann-Schema aus dem Kapitel über bezahlte Werbung. Beginnen Sie mit dem Teasing einmal pro Woche bis zu vierzehn Tagen vor dem Start. Dann geben Sie zweimal pro Woche Teaser heraus bis zu drei Tagen vor dem Start. Drei Tage vor dem Start ist es an der Zeit, von den Dächern zu schreien.

Shout ("Schreien"): *Denken Sie "Aufforderung zum Handeln".* Geben Sie der Zielgruppe konkrete Aktionen vor, die sie ausführen soll, wenn das Produkt auf den Markt kommt. Jetzt fangen Sie an, das Publikum mit Boni, Knappheit, Dringlichkeit und Garantien zu überhäufen, wenn es darum geht, "die Ersten" zu sein. Sie "shouten" – Sie "schreien von den Dächern", um so viele Menschen wie möglich auf Ihr Angebot aufmerksam zu machen. "Shouten" Sie mindestens zweimal am Tag, beginnend drei Tage vor der Veranstaltung. Am Tag der Aktion fangen Sie an, alle paar Stunden zu "shouten", bis zwei Stunden vor der Aktion. Dann "shouten" Sie alle dreißig Minuten, bis Sie das Produkt auf den Markt bringen.

Fazit: Bringen Sie Ihre Partner dazu, zu starten. Geben Sie ihnen alles, was sie brauchen, um das "Whisper-Tease-Shout" richtig zu machen. Ihre Affiliates machen die Werbung. Sie bekommen die engagierten Leads. *Jeder* wird bezahlt.

Schritt 6: Sorgen Sie dafür, dass sie weiter werben

Die Strategie, mit der wir sie dazu bringen, für uns zu werben, unterscheidet sich von der, mit der wir sie weiter werben lassen. In einer idealen Welt werben Sie einen Partner einmal an und er schickt Ihnen ein Leben lang engagierte Leads. Die Integration bringt uns ans Ziel.

Ich habe drei Möglichkeiten, wie Sie Ihr Produkt in das Angebot Ihrer Partner integrieren können. Erstens können Sie sie dazu bringen, *Ihren Lead-Magneten* bei jedem Kauf ihrer Produkte zu *verschenken*. Zweitens können Sie sie dazu bringen, *Ihren Lead-Magneten separat* an ihre Zielgruppe *zu verkaufen*. Drittens können Sie sie dazu bringen, *Ihr Kernangebot* direkt *zu verkaufen*. Ich habe die Reihenfolge vom Einfachsten zum Schwierigsten gewählt:

1. Affiliates verschenken Ihren Lead-Magneten, wenn jemand ihr Angebot kauft: Die Idee dabei ist, dass Ihr Lead-Magnet das Angebot des Affiliate wertvoller macht. Dies ermöglicht es ihm, mehr dafür zu verlangen und mehr Leads zu gewinnen, als er es ohne diese Möglichkeit könnte. Sie erinnern sich: Die besten Lead-Magnete verschenken eine kostenlose Testversion oder Probe Ihres Produkts, zeigen ein Problem auf oder bieten einen einzelnen Schritt einer mehrstufigen Lösung an. Wenn ich zum Beispiel Massagen verkaufe, werbe ich das Fitnessstudio nebenan als Partner an. Jeder, der bei diesem Studio ein Personal Training kauft, bekommt von mir eine kostenlose Massage, was sein Angebot stärkt und uns mehr Leads beschert.

2. Affiliates verkaufen Ihren Lead-Magneten: Im Grunde kann der Affiliate alles von Ihnen verkaufen, was seine Kunden zu Ihren Kunden macht. Das kann ein Buch, eine Veranstaltung, eine Dienstleistung, eine Software, ein Produktmuster usw. sein. Wenn Sie Ihren Partnern das gesamte Geld aus dem Verkauf eines Lead-Magneten geben, bedeutet das nur Gewinn und keine Arbeit für sie. Ihr Geld kommt dadurch zustande, dass Sie Ihr Hauptprodukt für mehr verkaufen, als die Lieferung Ihres Lead-Magneten gekostet hat. Die Fitnessstudios würden zum Beispiel eine Ernährungsberatung bei uns verkaufen und das Geld behalten, und wir als Ernährungsberater würden unsere Produkte während dieser Beratung verkaufen.

3. Affiliates verkaufen Ihr Kernangebot: Ein Affiliate verkauft Ihr Kernangebot direkt an seine Kunden und fügt ohne zusätzlichen Aufwand eine weitere Einnahmequelle hinzu. Für einige Partner ist dies ihre gesamte Einnahmequelle! Viele Unternehmen bieten diese Struktur entweder als neue Geschäftsmöglichkeit oder als eine Ergänzung zum bestehenden Geschäft des Partners. Wenn Sie es auf diese Weise machen, erhält der Partner einen höheren Prozentsatz Ihres Bruttogewinns. Er verkauft zum Beispiel Ihr gesamtes Massagepaket oder Ihr gesamtes Programm oder Ihre Dienstleistungen, und Sie teilen sich das Geld mit diesem Partner.

Nach dem Testen setzen wir Strategie 1 (zweimal pro Jahr als großes Ereignis) und Strategie 3 fortlaufend ein. Viele ähnliche Unternehmen in unserem Portfolio nutzen Strategie 2. Integration ist die langfristige Strategie für den Einsatz von Partnern, um einen dauerhaften Lead-Flow zu erzielen. Behandeln Sie Partner wie Kunden. Sorgen Sie dafür, dass Ihr Angebot für ihr Unternehmen sinnvoll ist. Machen Sie es so gut, dass sie dumm wären, wenn sie Nein sagen würden.

> **Übung Nr. 52: Integrieren Sie Ihren Affiliate vollständig. Entscheiden Sie, was sie wollen:**
>
> ☐ Der Affiliate verschenkt Ihren Lead-Magneten.
> ☐ Der Affiliate verkauft Ihren Lead-Magneten.
> ☐ Der Affiliate verkauft Ihr Kernangebot direkt.

Kosten und Rendite

Wenn wir die Rendite mit anderen Methoden berechnen, vergleichen wir den lebenslangen Bruttogewinn (LTGP) mit den Kosten für die Kundenakquise (CAC). Bei Affiliates geben wir Geld aus, um Affiliates zu gewinnen, und die Rendite kommt von den Kunden, die sie uns bringen. Um die Rendite zu berechnen, vergleichen wir die Kosten für die Akquise eines Affiliates mit dem Bruttogewinn aus allen Kunden, die er uns vermittelt.

Wir streben ein Verhältnis von mindestens 3:1 an, und um es zu verbessern, können wir die CAC senken, den LTGP erhöhen oder beides. Affiliates sind Partner, die zum gegenseitigen Nutzen für Ihre Produkte werben. Behandeln Sie sie also wie Kunden und liefern Sie ihnen mehr Wert als ihre Kosten.

Fazit

<u>Es gibt zwei Möglichkeiten, ein Compounding-Geschäft aufzubauen. Sie können mehr Leute finden, die nie aufhören, Ihre Sachen zu kaufen, oder Sie können mehr Leute finden, die nie aufhören, sie für Sie zu verkaufen.</u> Empfehlungen sind Ersteres. Affiliates sind Letzteres.

Bewerben Sie Ihr Affiliate-Angebot, bis Sie zehn bis zwanzig Affiliates haben. Erzielen Sie Ergebnisse mit diesen Partnern und nutzen Sie deren Feedback, um die Probleme Ihres Angebots, Ihrer Bedingungen, Einführungen und Ihrer Integrationsstrategie zu beheben. Skalieren Sie dann wie verrückt, indem Sie die Ergebnisse in Ihre ersten Affiliate-Lead-Magnete umwandeln.

KOSTENLOSES GESCHENK: Bauen Sie Ihre Affiliate-Armee auf - BONUS

Wie Sie sehen, bin ich ein großer Fan davon, Partnerprogramme zu erstellen, wenn sie richtig gemacht werden. Um Ihnen zu helfen, es gleich beim ersten Versuch richtig zu machen, habe ich ein ausführliches Videotraining für Sie erstellt. Sie können es kostenlos erhalten unter: Acquisition.com/training/leads. Und wie immer können Sie auch den QR-Code scannen, wenn Sie nicht gern tippen.

Abschnitt IV Schlussfolgerung: Holen Sie sich Lead-Getter

„Die letzte Fähigkeit, die Sie jemals lernen müssen, ist, andere Menschen dazu zu bringen, alles für Sie zu tun."

Wir bedienen uns der vier Grundprinzipien, um engagierte Leads zu gewinnen: Warme Kontaktaufnahmen, Posten von Inhalten, Kaltakquise und bezahlte Anzeigen. Und wir nutzen sie, um zwei Arten von engagierten Leads zu bekommen: diejenigen, die zu Kunden werden, oder diejenigen, die wir zu Lead-Gettern machen. Es gibt vier verschiedene Arten von Lead-Gettern: Empfehlungsgeber, Mitarbeiter, Agenturen und Affiliates. Jeder dieser Lead-Getter hat wichtige Stärken:

- Kundenempfehlungen haben das größte Potenzial für kostengünstiges exponentielles Wachstum.

- Mitarbeiter haben Ihren *direkten* Einfluss und führen Ihr Geschäft in Ihrem Namen.

- Agenturen vermitteln Fähigkeiten, die Sie für immer behalten und auf Ihr Team übertragen können.

- Affiliates können, wenn Sie sie erst einmal in Gang gebracht haben, völlig selbstständig arbeiten.

Entweder können Sie die Werbung machen oder andere Menschen machen dies. Und es gibt mehr von den „anderen Menschen" als von Ihnen. *Sie erhalten mehr Leads für die Arbeit, die Sie machen, wenn Sie Hilfe haben.* Wenn Sie also eine Menge Leads gewinnen möchten, ist dies der richtige Weg.

Wir haben hier viel abgedeckt. In diesem Abschnitt geht es darum, wie Sie skalieren: Sie lassen sich von anderen Menschen helfen. Sie sind das fehlende Glied. Jeder hat seine eigene Strategie und besten Praktiken. Nutzen Sie, was jetzt auf Sie zutrifft.

Das führt uns zu Abschnitt V: Loslegen. Ich möchte für Sie alles in einer schönen Schleife zusammenstellen, damit Sie *genau* wissen, *was als Nächstes zu tun ist.* Gemeinsam werden wir Leads als Engpass in Ihrem Unternehmen für immer beseitigen. Auf geht's!

ABSCHNITT V: LOSLEGEN

„Das ist nicht das Ende. Es ist nicht einmal der Anfang des Endes. Aber es ist vielleicht das Ende des Anfangs."
- Winston Churchill

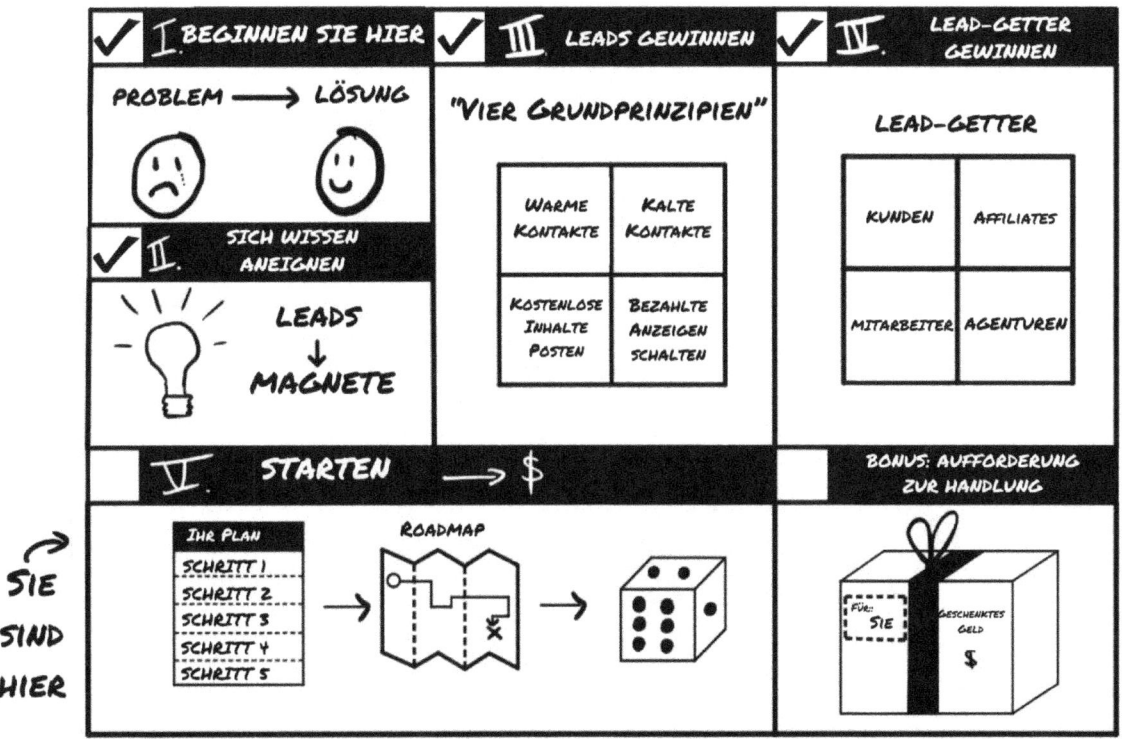

Gliederung des Abschnitts „Loslegen"

Dieser letzte Abschnitt besteht aus drei Kapiteln. Sie sind kurz und knapp, genau wie unsere gemeinsame Zeit.

<u>Im ersten Kapitel</u>, „Werbung im echten Leben", werde ich meine einzige große Werberegel darlegen. Dann gebe ich Ihnen meinen persönlichen One-Page-Werbeplan („Werbung auf einer Seite"), mit dem Sie noch *heute* mehr engagierte Leads gewinnen können.

<u>Im nächsten Kapitel</u> - „Alles zusammenfügen" - werde ich die Roadmap („Straßenkarte") entwerfen, die Sie von Ihren ersten Leads bis hin zu Ihrer *100-Millionen-Dollar-Leads*-Maschine skalieren können.

<u>Zum Schluss</u> werde ich in „Ein Jahrzehnt auf einer Seite" alles, was wir gelernt haben, in Stichpunkten zusammenfassen, um zu zeigen, wie weit wir in unserer gemeinsamen Zeit gekommen sind. Um Sie auf den Weg zu bringen, erzähle ich Ihnen ein Gleichnis, das mir selbst durch meine schwersten Zeiten geholfen hat.

149

Werbung im echten Leben: Offen für das Ziel (Open To Goal)

Wenn etwas gut ist, ist mehr besser.

Die 100er-Regel auf Steroiden - offen für das Ziel (open to goal)

Eine erfolgreiche Fitnessstudiokette erlaubte es ihren Verkaufsleitern, ihre eigenen Zeitpläne aufzustellen, mit der Auflage, fünf neue Mitglieder pro Tag zu werben, egal wie lange es dauert. Ich habe herausgefunden, dass Spitzen-Unternehmer und -Verkäufer in allen Branchen eine gewisse Variation von „open to goal" an den Tag legen. Diese Herangehensweise konzentriert sich auf das Ergebnis und nicht auf den Aufwand. Sie ist wie die 100er-Regel … aber für die großen Kinder. Man arbeitet so lange, bis man bestimmte Ergebnisse erzielt, die neue Leistungsstufen freisetzen. Um Ihre Werbung zu verbessern, müssen Sie arbeiten, bis die Aufgabe erledigt ist, und sich auf das konzentrieren, was erforderlich ist, anstatt nur Ihr Bestes zu geben. Manchmal muss Ihr Bestes noch besser werden.

Wie ich „open to goal" für mich selbst anwende

Wenn ich die drei Gewohnheiten auswählen müsste, die mir in meinem Leben am meisten geholfen haben, wären das:

1) <u>Früh aufstehen (4-5 Uhr morgens)</u> - Profi-Tipp: Das bedeutet, dass *Sie früh ins Bett gehen* ...

2) <u>Direkt an die Arbeit gehen</u> – keine Rituale. Keine Routinen. Ich trinke Kaffee und mache mich an die Arbeit.

3) <u>Keine Besprechungen/Treffen vor Mittag</u> – keine Unterbrechungen. Nichts. Voll konzentrierte Arbeitszeit.

Ich glaube nicht, dass es etwas Magisches hat, früh aufzustehen, aber es hat etwas Magisches, wenn ich nach dem ungestörten Schlaf eine lange Zeit ungestört arbeiten kann. Das sind die produktivsten Stunden des Tages, in denen mir nichts im Weg steht. Indem ich mir ein tägliches Ziel setze und mich zuerst auf die Arbeit konzentriere, habe ich festgestellt, dass das frühe Aufstehen und die 8-stündige Arbeit am Stück den höchsten ROI bringen. Wenn Sie es versuchen, hoffe ich, dass es Ihnen genauso gut hilft wie mir. Sollte Sie die Vorstellung, mehr als zwölf Stunden am Tag zu arbeiten, überfordern, dann fangen Sie mit weniger Stunden an und steigern Sie sich. An manchen Tagen ist das schwierig, aber ich erinnere mich immer gerne daran:

„Tu mehr als sie, und du wirst mehr haben als sie."

Alex Hormozi
@AlexHormozi

Immer wenn ich einen Tiefpunkt erreiche, denke ich: „Warum mache ich mir die Mühe?!"

Ich versuche dann, mich daran zu erinnern: „Hier hören die meisten Menschen auf, und deshalb gewinnen sie nicht."

Da meine Aufgabe in den meisten meiner Unternehmen darin besteht, „mehr Kunden zu gewinnen", konzentriere ich mich auf die Werbung. Dieses Buch zum Beispiel habe ich ausschließlich in diesem „Open-To-Goal"-Zeitblock geschrieben.

Wenn Sie also meinen Gewohnheiten mit hohem ROI folgen wollen, benötigen Sie für diese Zeit einen klaren Aktionsplan. Dies ist der einfachste Werbeplan, den ich Ihnen geben kann.

Checkliste für Werbung auf einer Seite (One-Page)

Schritt Nr. 1: Wählen Sie die Art der engagierten Leads, die Sie bekommen wollen: Kunden, Affiliates, Mitarbeiter oder Agenturen.

Schritt Nr. 2: Entscheiden Sie sich für die 100er-Regel oder „Open To Goal". Verpflichten Sie sich zu Ihren täglichen Werbeaktionen.

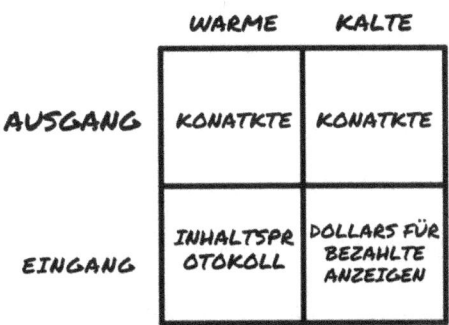

Schritt Nr. 3: Füllen Sie die Werbe-Checkliste für die tägliche Aktion aus.

Tägliche Checkliste für Werbung	
Wer:	Sie
Was:	Ihr Angebot oder Lead-Magnet
Wo:	Plattform
An wen?	Publikum/Liste
Wann:	Die ersten 8 Stunden
Warum?	X engagierte Leads oder Lead-Getter gewinnen
Wie?	Warme/kalte Kontakte, Inhalte, Anzeigen
Wie viel?	100x oder bis Sie am Ziel sind
Wie viele?	Anzahl von neu ausgerichteten Folgemaßnahmen/Laufzeiten
Wie lange?	100 Tage oder bis Sie Ihr Ziel erreicht haben

Schritt Nr. 4: Führen Sie diese Aktion täglich aus, bis Sie genug Geld haben, um es sich leisten zu können, jemand anderen dafür zu bezahlen.

Schritt Nr. 5: Wenn Sie dies getan haben, kehren Sie zu Schritt 1 zurück. Machen Sie Mitarbeiter zu Ihrem neuen Ziel-Lead-Typ. Und wiederholen Sie die Schritte 1–4, bis Sie die Hilfe haben, die Sie benötigen. Dann skalieren Sie erneut.

Schlussfolgerung

Wir sind fast am Ende angelangt. Wir sind fast am Ende. Aber Sie haben keine weiteren Leads. Was tun? Antwort: Lesen weckt nicht das Interesse der Leute für die Dinge, die Sie verkaufen – *Werbung schon.* Wenn Sie niemandem von den Angeboten erzählen, die Sie verkaufen, dann erreichen Sie auch niemanden, der sich für die Angebote interessiert, die Sie verkaufen.

In diesem Kapitel habe ich den Plan für die Werbung auf die einfachste Weise dargelegt, die ich finden konnte:

- Arbeiten Sie „open to goal".

- Strukturieren Sie Ihren Tag so, dass „open to goal" möglich ist.

- Erstellen *und* verpflichten Sie sich zu diesem Ziel mit der einseitigen Werbe-Checkliste.

Nutzen Sie die Möglichkeiten, Ihre Aktionsschritte auf *einer einzigen Seite* darzustellen. Das lässt wenig Raum für Ausreden, Ablenkungen und Wahnvorstellungen. Entweder Sie haben es getan oder Sie haben es nicht getan. Sie können Ihre One-Page-Checkliste für Werbung in etwa fünf Minuten ausfüllen. Und sobald Ihnen die nackte Wahrheit ins Auge springt, müssen Sie sie nur noch *umsetzen.*

KOSTENLOSES GESCHENK: Checkliste für Werbung zum Herunterladen

Unter Acquisition.com/training/leads können Sie sich eine zusätzliche Schulung ansehen und diese Checkliste herunterladen, um sie selbst auszufüllen. Wie immer können Sie auch den folgenden QR-Code scannen, wenn Sie ungern tippen.

SCANNE MICH

Die Roadmap - Alles zusammenfügen

Null bis 100.000.000 Dollar

„Ein Anführer muss hohe Ziele verfolgen, große Ziele sehen, umfassend urteilen und sich so von den gewöhnlichen Menschen, die auf engstem Raum debattieren, abheben."
- Charles de Gaulle, französischer Präsident während des Zweiten Weltkriegs

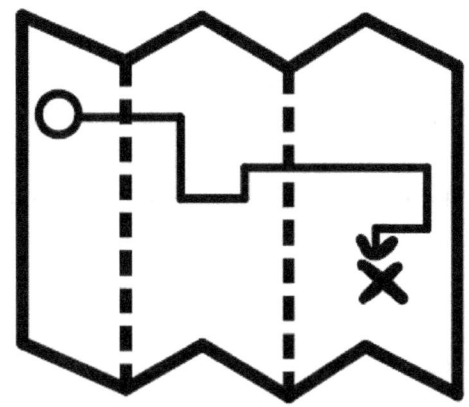

Um dorthin zu gelangen, wo Sie hinwollen, lohnt es sich zu wissen, was vor Ihnen liegt. In diesem Kapitel beschreibe ich die Phasen, die Sie bei der Skalierung Ihrer Werbung durchlaufen werden. Acquisition.com nutzt diese Roadmap, um unsere Portfoliounternehmen von ein paar Millionen pro Jahr bis hin zu mehr als 100.000.000 US-Dollar zu skalieren. Mithilfe dieser Stufen können Sie erkennen, wo auf dem Totempfahl der Werbung Sie sich befinden, damit Sie wissen, was Sie tun müssen, um zur nächsten Stufe zu gelangen.

Stufe 1: *Ihre Freunde wissen, was Sie verkaufen.* Um engagierte Leads zu gewinnen, machen Sie einem Avatar auf einer Plattform ein Angebot. Sobald Sie engagierte Leads erhalten, können Sie anfangen, Geld zu verdienen. Für mich begann das damit, dass ich mich an *jeden* wandte, den ich kannte.

Primäre Aktion: Warme Kontaktaufnahme.

Stufe 2: *Sie informieren beständig alle, die Sie kennen,* über die *Dinge, die Sie verkaufen.* Sie kennen den genauen Aufwand, um mit der von Ihnen gewählten Werbemethode einen engagierten Lead zu gewinnen. Und durch die Skalierung dieses Aufwands gewinnen Sie beständige Kunden. Aber die beständigen Kunden entstehen durch die Maximierung Ihrer persönlichen Arbeitskapazität. Zusätzlich zu den warmen Kontakten maximierte ich meine persönliche Arbeitskapazität mit bezahlten Hilfsmitteln und nutzte eine Fallstudie als meinen Lead-Magneten. Aber rückblickend wünschte ich, ich hätte mit dem Posten kostenloser Inhalte begonnen. Also schlage ich das vor.

<u>Primäre Aktionen:</u> Machen Sie so viele warme Kontaktaufnahmen und posten Sie *beständig* so viele Inhalte wie möglich.

Stufe 3: *Sie stellen Mitarbeiter ein, die Ihnen helfen, mehr Werbung zu machen.* Sie haben Ihre persönlichen Werbemaßnahmen ausgeschöpft, aber nicht die Plattform. Und wenn Sie mehr engagierte Leads wollen, kann das nur eines bedeuten. Mehr zu tun. Ich habe einen Videofilmer und einen Medieneinkäufer eingestellt, um mir die meiste Arbeit mit bezahlter Werbung abzunehmen.

<u>Primäre Aktion:</u> Sie stellen Leute ein, die in Ihrem Namen gewinnbringend Werbung machen.

Stufe 4: *Ihr Produkt ist gut genug, um kontinuierlich Empfehlungen zu erhalten.* Sie bauen weiterhin Wohlwollen auf und streben danach, 25 % oder mehr Ihrer Kunden durch Empfehlungen zu gewinnen. Jetzt haben Sie sich darangemacht, Ihre Werbung wieder zu steigern. Aber damit das klappt, müssen Sie sich ernsthafter mit der Einstellung eines Teams befassen, das dies ermöglicht.

Zu diesem Zeitpunkt wurde mir klar, dass meine Anzeigen deaktiviert waren, ich aber weiterhin jede Woche Empfehlungen erhielt. Also habe ich die Empfehlungen verdoppelt. Ich baute Wohlwollen auf, indem ich das Kundenfeedback nutzte, um mein Produkt alle zwei Wochen zu aktualisieren. Gleichzeitig habe ich ein starkes Empfehlungsprogramm mit großen Anreizen gestartet.

<u>Primäre Aktionen:</u> Konzentrieren Sie sich auf Ihr Produkt, bis Sie konsistente Empfehlungen erhalten, und skalieren Sie dann Ihre Werbung wieder mit einem größeren Team. Hier vermasseln es die meisten Menschen. Sie lassen ihr Produkt entgleiten und erholen sich nie wieder.

Stufe 5: *Sie werben an mehr Orten und auf mehr Arten und mit mehr Menschen.* Zunächst erschließen Sie auf Ihrer besten Plattform neue Zielgruppen. Anschließend erstellen Sie Anzeigen mit allen von der Plattform unterstützten Platzierungen und Medientypen. Und nachdem Ihr Team konsistente Ergebnisse erzielt hat, erweitern Sie Ihr Team erneut, um Folgendes hinzuzufügen: *eine weitere Plattform, einen Lead-Getter oder eine der vier grundlegenden Werbeaktivitäten.*

Für mich schlage ich zwei Fliegen mit einer Klappe. Ich habe meine bezahlten Anzeigen um potenzielle Partner erweitert. Und das ebnete den Weg für meine Partnerprogramme.

<u>Primäre Aktion:</u> Nutzen Sie mindestens zwei Methoden auf mehreren Plattformen, um gewinnbringend zu werben.

Stufe 6: *Sie heuern Killer an.* Ihre Führungskräfte bauen ohne Sie Abteilungen auf, die speziell auf eine Werbemethode oder -plattform ausgerichtet sind. Und Sie suchen nicht nach Potenzial. Sie suchen erfahrene Führungskräfte, die genau auf das spezialisiert sind, was Sie wollen. Wir haben hier die Obergrenze erreicht.

Ich brauchte drei Jahre, um zwei Dinge herauszufinden. Erstens, dass ich altgediente Führungskräfte mit Erfahrung brauchte, die für meine Problematiken geeignet waren. Und zweitens, dass sie stärkere Anreize brauchten. Aber als mir das klar wurde, verkaufte ich diese Unternehmen. Als ich Acquisition.com gründete, erkannte ich, wie viel Potenzial es hat, den Kuchen zu vergrößern, um mehr der richtigen Leute für den Erfolg zu gewinnen. Auf diese Weise haben wir einen Portfolioumsatz von über 100 Millionen US-Dollar und dann über 200 Millionen US-Dollar und darüber hinaus erzielt.

Primäre Aktion: Gewinnen Sie kampferprobte Führungskräfte und Abteilungsleiter für die Übernahme neuer Werbeaktivitäten und -kanäle.

Stufe 7: Ich werde zurückkommen und dieses Kapitel bearbeiten, sobald ich eine Milliarde überschritten habe. Ich verspreche, ich schicke die Lektionen, sobald ich sie habe. Sie haben mein Wort.

Letzte Punkte: Ich weiß, das sieht sauber aus. Aber das ist es nie. Echte Geschäfte sind *chaotisch*. Es erfordert *viel*, herauszufinden, welche Zielgruppen, Lead-Magneten, Methoden und Plattformen am besten funktionieren. Und was funktioniert, kann man nur herausfinden, wenn man es versucht. Man muss also lange genug viele verschiedene Dinge auf viele verschiedene Arten ausprobieren, um es sicher zu wissen.

Niemand kann jemals wissen, was das absolut Beste ist, was man tun kann. Aber ich weiß eines: Je mehr Sie Werbung machen, desto mehr Leute erfahren von dem, was Sie verkaufen. Je mehr Leute über die Angebote Bescheid wissen, die Sie verkaufen, desto mehr Leute werden sie kaufen. Dies ist der Schlüssel zur *100-Millionen-Dollar-Leads*-Maschine.

Die 100-Millionen+-Dollar-Leads-Maschine

Lassen Sie uns in Ihre Zukunft blicken. Ihr Unternehmen erwirtschaftet einen Jahres-umsatz von über 100.000.000 US-Dollar. Es ist großartig, ein klares Bild davon zu haben, wie die 100-Millionen-Dollar-Maschine aussieht. Schauen wir mal rein, ja? An erster Stelle steht Ihre Werbung, die in vollem Gange ist ...

- Ihr Medienteam skaliert unzählige kostenlose Inhalte aller Medientypen auf vie-len Plattformen.

- Sie machen Ihrem warmen Publikum regelmäßig Angebote, um mehr Kunden oder Affiliates zu gewinnen.

- Ihr hungriges Publikum macht *alles,* was Sie starten, *sofort* profitabel.

- Sie haben Teams, die profitable bezahlte Werbung auf verschiedenen Plattfor-men schalten und skalieren.

- Ihr Kaltakquise-Team bringt Ihnen mehr Kunden.

- Sie haben einen Affiliate-Manager, der alle neuen Affiliate-Partner lanciert und integriert.

- Sie haben Personalvermittler und Personalvermittlungsagenturen, die mehr Lead-Getter anwerben.

- Ihr Produkt ist so gut, dass ein Drittel Ihrer Kunden Ihnen weitere Kunden bringt.

- Ihr Führungsteam treibt all dieses Wachstum ohne Sie voran.

- Und... *Sie haben mehr engagierte Leads, als Sie bewältigen können.*

Das kann zwischen fünf und zehn Jahren dauern. Etwas Großes aufzubauen, selbst wenn Sie genau wissen, was Sie tun müssen, braucht Zeit. Meine Frau und ich haben *mehr als zehn Jahre* gebraucht, um die ersten 100 Millionen Dollar an Nettovermögen zu erreichen. Je größer also Ihre Ziele sind, desto größer muss Ihr Zeithorizont sein. Sie möchten Spiele spielen, bei denen Sie gewinnen, wenn Sie warten.

Alex Hormozi ✓
@AlexHormozi

Unternehmertum ist nichts für schwache Nerven.

Die Last ist schwer und der Weg lang.

GRATIS GESCHENK: BONUS-TUTORIAL - Skalierung von 0 US-Dollar auf mehr als 100 Millionen US-Dollar

Manchmal ist es nützlich, einen Bericht darüber zu hören, wie jede Phase aussieht. Wenn Sie wissen, was als nächstes kommt, können Sie noch heute damit beginnen, sich darauf vorzubereiten. Ich habe ein kostenloses Tutorial aufgezeichnet, in dem ich Ihnen dabei helfe, herauszufinden, wo Sie sich befinden und was als nächstes kommt, damit Sie gewinnen können. Sie können das Tutorial kostenlos herunterladen unter Acquisition.com/training/leads - erraten. Wie immer können Sie auch den folgenden QR-Code scannen, wenn Sie ungern tippen.

Ein Jahrzehnt auf einer Seite

„Einfachheit ist die höchste Stufe der Raffinesse" - Leonardo Da Vinci

Wir haben eine Menge gelernt. Und ich glaube, wenn man das Gelernte an einem Ort zusammenfasst, kann man es besser verarbeiten. Deshalb habe ich eine Liste erstellt, in der ich aufgeschrieben habe, was wir behandelt haben und warum.

1) Wie Sie von nun an einen Lead definieren. Jetzt wissen Sie, worauf Sie aus sind: engagierte Leads, nicht einfach nur Leads.

2) Wie Sie Leads mit einem Angebot oder einem Lead-Magneten in engagierte Leads verwandeln. Und wie man sie gewinnt.

3) Die *vier grundlegenden Werbeaktivitäten* - die einzigen vier Wege, auf denen wir die Menschen über die Dinge, die wir verkaufen, informieren können.

    a) Wie wir Menschen erreichen, die uns kennen: *Fragen Sie sie, ob sie jemanden kennen*

    b) Wie man öffentlich postet: *Aufmerksamkeit erregen, an sich binden, belohnen. Geben Sie, bis die Leute danach fragen.*

    c) Wie man Fremde erreicht: *Listen, Personalisierung, großer, schneller Nutzen, Umfang*

    d) Wie man bezahlte Anzeigen für Fremde schaltet: *Zielgerichtetheit, Ansprachen, Was-Wer-Wann's, CTAs, kundenfinanzierte Akquise*

4) Maximierung der vier grundlegenden Werbeaktivitäten: *Mehr – besser - neu*

    a) Was hält uns davon ab, das zu tun, was ich gerade mit zehnfachem Umfang mache? Dann das Problem lösen.

    b) Die Einschränkung in unserer Werbung finden. Dann testen, bis die Einschränkung aufgehoben ist. Dann *mehr* tun, bis sie wieder eingeschränkt wird.

5) Die vier Lead-Getter: *Kunden, Mitarbeiter, Agenturen und Affiliates*

    a) Wie man Kunden dazu bringt, uns anderen Kunden zu empfehlen

    b) Wie Sie Mitarbeiter dazu bringen, Ihre Werbung ohne Sie zu skalieren

    c) Wie Sie eine Agentur dazu bringen, Ihnen neue Fähigkeiten beizubringen

     d) Wie man Affiliates lanciert und integriert

6) Bei Werbung in der realen Welt: *Die 100er-Regel und Open To Goal*

     a) Der fünfstufige One-Page-Werbeplan, um noch *heute* mehr Leads zu gewinnen.

7) Die sieben Stufen der Werbung und die *100-Millionen-Dollar-Leads*-Maschine in Aktion.

Wie ich eingangs versprochen habe, sind das Ergebnis dieser Geschosse mehr, bessere, billigere und zuverlässig engagierte Leads. Ich hoffe, dass Ihnen dieses Buch von Nutzen sein wird. Ich hoffe, dass Sie durch die Lektüre dieser Zeilen wissen, wie Sie mehr Leads gewinnen können, als Sie derzeit haben. Und ich hoffe, dass ich das Geheimnis hinter der Lead-gewinnung gelüftet habe.

Und da Sie einer der wenigen sind, die tatsächlich zu Ende bringen, was sie begonnen haben, möchte ich Ihnen ein Abschiedsgeschenk hinterlassen: eine Fabel, die mich durch meine schwierigsten Zeiten begleitet hat.

Der vielseitige Würfel

Stellen Sie sich vor, Sie und ein Freund spielen ein Würfelspiel. Sie erhalten jeweils einen Würfel. Einer der Würfel hat 20 Seiten. Der andere hat 200. Bei jedem Würfel ist nur eine Seite grün. Und der Rest ist rot.

Das Ziel des Spiels ist einfach: *Würfeln Sie so oft Sie können grün.*

Die Regeln des Spiels lauten wie folgt:

- *Sie können nicht sehen, wie viele Seiten Sie haben. Sie können nur sehen, ob Sie rot oder grün würfeln.*

- *Wenn Sie grün würfeln, wird eine Ihrer roten Seiten grün und Sie dürfen noch einmal würfeln.*

- *Wenn Sie rot würfeln, passiert nichts und Sie dürfen noch einmal würfeln.*

- *Das Spiel endet, wenn Sie aufhören zu würfeln. Und wenn Sie aufhören zu würfeln, haben Sie verloren.*

Was tun Sie?

Sie würfel*n*. Wenn Sie rot würfeln, nehmen Sie den Würfel und würfeln noch einmal. Wenn andere grün würfeln, nehmen Sie Ihren Würfel und würfeln noch einmal. Wenn Sie grün würfeln, nehmen Sie den Würfel und würfeln noch einmal.

Sie sagen sich immer wieder eines. „Je mehr ich würfele, desto mehr Grün bekomme ich." Zuerst würfelt man hin und wieder grün. Aber je mehr rote Seiten grün werden, desto mehr grün kommt vor. Bei genügend Würfen wird das Treffen von Grün eher zur Regel als zur Ausnahme.

Was tut Ihr Freund?

Er würfelt ein paar Mal und trifft jedes Mal Rot. Er sieht, wie Sie grün würfeln, und beschwert sich, dass Sie einen Würfel mit weniger Seiten haben müssen. Er argumentiert: Das sei die einzige Möglichkeit, dass Sie vor ihm grün hatten würfeln können. Und obwohl es so war, haben Sie auch noch viele weitere Male gewürfelt. Also, was ist es?

In beiden Fällen würfelt er frustriert noch ein paar Mal und trifft ein Grün. Doch dann beschwert er sich darüber, wie lange es gedauert hat. Er hat mehr Zeit damit verbracht, Sie zu beobachten und sich zu beschweren, als tatsächlich zu spielen. Inzwischen haben Sie Ihren grünen Streifen erreicht. *Es ist so viel einfacher für Sie*, sagt er sich. *Sie bekommen jedes Mal Grün! Das Spiel ist manipuliert, was soll das also bringen?* Er gibt auf.

***

Wer hat also den Würfel mit 20 Seiten? Wer hat den Würfel mit 200 Seiten? Wenn Sie das Spiel verstanden haben, sehen Sie, dass *der Würfel, den Sie bekommen, keine Rolle mehr spielt*, wenn Sie oft genug würfeln.

- Würfel mit weniger Seiten können schneller grün werden.

- Würfel mit mehr Seiten können später grün werden.

- Aber ein Würfel mit einer grünen Seite hat *immer* eine Chance, grün zu würfeln ... *wenn man ihn würfelt.*

- Jeder Würfel erreicht seinen grünen Streifen, wenn er oft genug gewürfelt wird.

Jeder von uns bekommt einen Würfel mit vielen Seiten. Und wenn man sich die anderen Spieler ansieht, weiß man nicht, ob es ihr 100. oder ihr 100.000. Wurf ist. Man weiß nicht, wie „gut" andere Spieler sind, wenn sie anfangen, man kann nur sehen, wie gut sie *jetzt* sind. Aber wenn Sie das Spiel verstehen, wissen Sie auch, dass *das keine Rolle spielt.*

Einige beginnen früh zu spielen. Andere beginnen viel später. Der Rest sitzt am Spielfeldrand und beschwert sich über das Glück der Spieler. Ich vermute, sie haben mehr Glück, weil sie spielen. Und als sie Rot erhielten, was sie taten, gaben sie nicht auf. Sie würfelten erneut.

Das Erlernen der Werbung ähnelt stark dem Spiel mit dem vielseitigen Würfel. Sie wissen nicht, ob es funktioniert, bis Sie es versuchen. Und wenn Sie mit der Werbung beginnen, werden Sie bei Ihren ersten Würfen wahrscheinlich einen roten Treffer landen. Aber wenn Sie es oft genug versuchen, *werden Sie irgendwann Grün treffen.* Und *wenn* es funktioniert, haben Sie eine bessere Chance, dass es *wieder* funktioniert. Je öfter Sie es tun, desto einfacher wird es. Sie beginnen, das Spiel zu verstehen.

Egal wie viele Spieler es gibt oder wie viele Seiten der Würfel hat, der Ihnen gegeben wird, es gibt nur zwei Garantien:

1) Je öfter Sie würfeln, desto besser werden Sie.

2) Wenn Sie aufgeben, verlieren Sie.

Hier ist also mein letztes Versprechen:

Sie können nicht verlieren, wenn Sie nicht aufgeben.

KOSTENLOSE EXTRAS: AUFRUFE ZUM HANDELN

Wenn es kostenlos ist, ist es für mich!

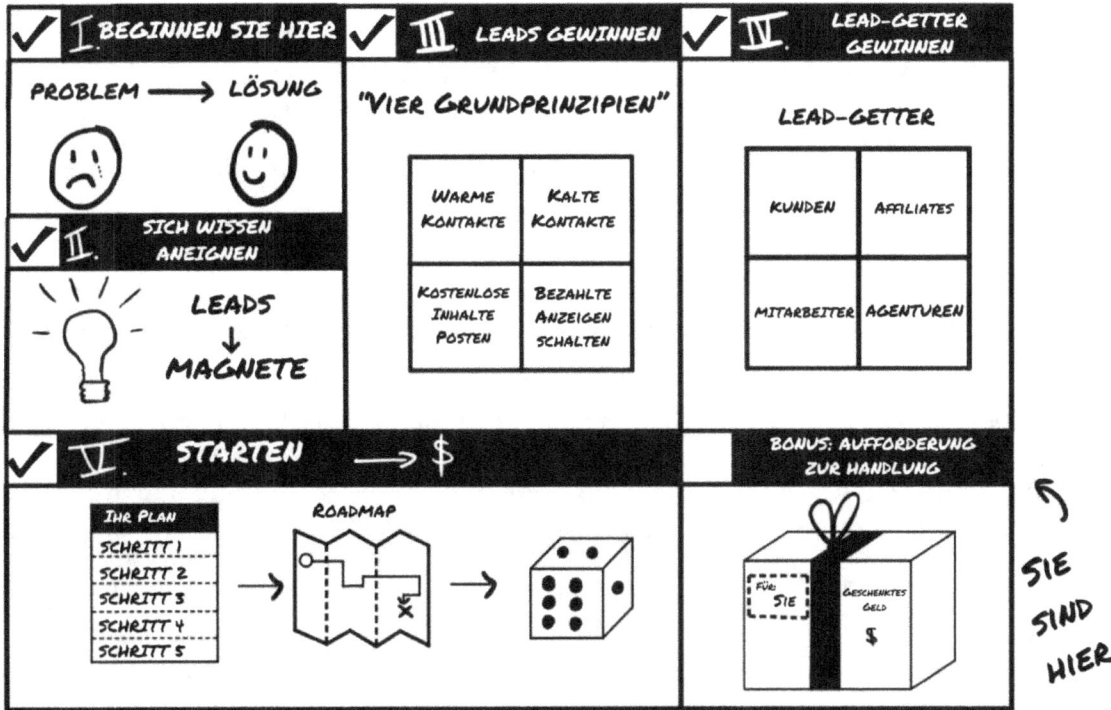

Ich werde Ihnen gleich eine Menge kostenloser Sachen geben – also bleiben Sie dran.

Dr. Kashey (mein Herausgeber) und ich haben über 3.500 Stunden mit diesem Buch verbracht. Wir haben mehr als 650 Seiten und 19 Entwürfe mit unterschiedlichen Rahmen, Themen und Schwerpunkten geschrieben. Letztendlich hinterließen die Änderungen jedoch nur das destillierteste „Was Sie wissen müssen". Wir haben 127 Seiten handgezeichneter Modelle durchgesehen, um die wenigen herauszuarbeiten, die es in das Buch geschafft haben. Abgesehen davon hoffe ich, dass diese Arbeit dazu führt, dass Sie das Geschäft Ihrer Träume ausbauen.

Wenn ich auf mein Leben zurückblicke, werden diese Bücher zu den Dingen gehören, auf die ich am meisten stolz bin. Ich könnte nicht so leidenschaftlich schreiben, wenn ich nicht glauben würde, dass die Leute es lesen würden. Und so sehr ich auch danach strebe, der Mann zu sein, der genauso hart arbeiten würde, wenn sich niemand darum kümmern würde, bin ich noch nicht am Ziel. Ihre Unterstützung und Ihre positive Einstellung machen für mich einen Unterschied. Deshalb danke ich Ihnen von ganzem Herzen, dass Sie mir die Arbeit ermöglichen, die ich für sinnvoll halte. Ich bin für immer dankbar.

Wenn Sie neu bei #mozination sind, herzlich willkommen. Wir glauben an große Ambitionen und daran, unsere Ambitionen durch Geben und Geduld zu erfüllen. Und in diesem Sinne des Gebens habe ich ein persönliches Ziel: *zu sterben, ohne etwas übrig zu haben, das ich noch geben könnte.*

Wenn Sie also noch bei mir sind, danke. Ich möchte noch ein paar Extras anbieten.

1) **Wenn Sie Schwierigkeiten haben, herauszufinden, an <u>wen</u> Sie verkaufen sollen**, habe ich zwischen diesem und dem letzten Buch ein Kapitel mit dem Titel „Ihr erster Avatar" veröffentlicht. Stellen Sie es sich wie eine „Single" aus einem Musikalbum vor. Sie können es kostenlos unter <u>Acquisition.com/avatar</u> erhalten. Geben Sie einfach Ihre E-Mail-Adresse ein und wir senden es Ihnen zu.

2) **Wenn Sie Schwierigkeiten haben, herauszufinden, <u>was</u> Sie verkaufen sollen**, können Sie zu Amazon oder wo auch immer Sie Bücher kaufen gehen und nach „Alex Hormozi" und *100-Millionen-Dollar-Angeboten* suchen. Es sollte Sie auf den richtigen Weg bringen.

3) **Wenn Sie einen Job bei Acquisition.com** oder in einem unserer Portfoliounternehmen **haben möchten** - wir stellen gerne Leute von #mozination ein. Wir tun das gerne, weil wir festgestellt haben, dass wir die besten Ergebnisse erzielen, wenn wir großartige Menschen einstellen. Unter <u>Acquisition.com/careers/open-jobs</u> finden Sie alle offenen Stellen in allen unseren Unternehmen und unserem Portfolio.

4) **Wenn Ihr Unternehmen ein EBITDA (Gewinn) von mehr als 1 Mio. US-Dollar erwirtschaftet**, würden wir gerne in Ihr Unternehmen investieren, um Sie bei der Skalierung zu unterstützen. Es macht so viel Freude zu wissen, dass unsere Portfoliounternehmen viel größer und schneller gewachsen sind als meine, *weil sie die Fehler vermieden haben, die ich gemacht habe.* Wenn Sie möchten, dass wir einen Blick hinter die Kulissen werfen und sehen, ob wir Ihnen helfen können, gehen Sie zu <u>Acquisition.com</u>. Die Übermittlung Ihrer Daten ist schnell und einfach.

5) **Die kostenlosen Buchdownloads und Videotrainings**, die zu diesem Buch gehören, finden Sie unter <u>Acquisition.com/training/leads</u>.

6) **Wenn Sie gerne Podcasts hören und mehr hören möchten**, ist mein Podcast zum Zeitpunkt des Verfassens dieses Artikels einer der Top 5 im Bereich Unternehmertum und der Top 15 im Geschäftsleben in den USA. Sie können dorthin gelangen, indem Sie überall dort, wo Sie zuhören, nach „Alex Hormozi" suchen. Oder gehen Sie zu <u>Acquisition.com/podcast</u>. Ich teile nützliche und interessante Geschichten, wertvolle Lektionen und die wesentlichen mentalen Modelle, auf die ich mich jeden Tag verlasse.

7) **Wenn Sie sich gerne Videos anschauen**, haben wir viele Ressourcen in unsere kostenlosen Schulungen gesteckt, die für jedermann verfügbar sind. Unser Ziel ist es, es besser zu machen als alle anderen kostenpflichtigen Produkte, und Sie entscheiden, ob uns das gelungen ist. Sie finden unsere Videos auf YouTube oder überall dort, wo Sie Videos ansehen, indem Sie nach „Alex Hormozi" suchen.

8) **Und wenn Sie kurze Videos mögen**, schauen Sie sich die mundgerechten Inhalte an, die wir täglich unter Acquisition.com/media veröffentlichen. Sie sehen alle Orte, die wir veröffentlichen, und können diejenigen auswählen, die Ihnen am besten gefallen.

Und zum Schluss noch einmal vielen Dank. Bitte seien Sie einer dieser Geber und **teilen Sie dies mit anderen Unternehmern, indem Sie eine Bewertung hinterlassen**. Das würde mir die Welt bedeuten. Ich sende Ihnen von meinem Schreibtisch aus Vibes für den Geschäftsaufbau. Ich verbringe dort eine Menge Zeit, also sind es viele Vibes. Möge Ihr Wunsch größer sein als Ihre Hindernisse.

Ich hoffe, Sie und Ihr Unternehmen bald kennenzulernen. Ad astra.

Alex Hormozi, Gründer, Acquisition.com

www.ingramcontent.com/pod-product-compliance
Lightning Source LLC
Chambersburg PA
CBHW081534120626
46550CB00009B/2723